特別支援教育サポートBOOKS

知的障害・発達障害

自立活動の教材&指導アイデア

滝澤 健 著

明治図書

はじめに

本書の目的は，教材・指導アイデアを通して知的障害や発達障害のある子どもへの自立活動の指導について実践的な情報を届けることである。

自立活動は，障害によって生じる生活や学習上の様々な困難さを改善・克服するために，国語や算数等の教科とは別に設定される特別な指導領域である。特別支援学校のみならず，特別支援学級や通級による指導において特別の教育課程を編成する場合に，その内容を取り入れることや参考に指導することが規定されている。特別支援教育の場が広がり，対象者が増加している現状を踏まえると，自立活動を適切に指導できる教員の育成は喫緊の課題である。

知的障害を対象とする特別支援学校の教育課程では，独自に各教科の内容が設定されており，自立活動の内容と重なる部分が多い。また，知的障害の学習特性を踏まえると，各教科や領域の内容を合わせて生活場面に即して指導するのが効果的であることから，従前より「日常生活の指導」「生活単元学習」等の指導形態で自立活動を指導することが多かった。そのため，自立活動の教育課程上の位置付けやねらいが曖昧になりやすいことが指摘されている（大井ら，2020）。2018年告示の「特別支援学校教育要領・学習指導要領解説　自立活動編（幼稚部・小学部・中学部）」（以下，学習指導要領解説）に，実態把握から指導目標，指導内容を設定するまでのプロセス（流れ図）が例示されたことを契機に，知的障害を対象とする特別支援学校においても「流れ図」を活用した研究実践や職員研修が増加してきている（石川ら，2023）。

しかし，「流れ図」の活用は，障害特性や発達段階等の幅広い知識と経験を要するため，「実態把握が難しい」「具体的な指導のイメージが湧かない」等，授業づくりの難しさを指摘する現場の声も多い。また，学習指導要領解説には具体的な教材や指導方法が記されていないため，日々の授業実践に活用するには情報が十分ではないと考える。

本書では，筆者がこれまで知的障害特別支援学校小学部を中心に実践（一部，通級指導教室での実践を含む）してきた自立活動の教材・指導アイデアを62例紹介している。教材・指導アイデアは，自立活動の６区分27項目に対応させ，どのような実態の子どもに，どのようなねらいで取り組めばよいかの目安を示している。すぐに授業に生かせるよう，教材や活動の写真とともに必要な準備物や教材の作成方法を紹介し，一部の教材はデータをダウンロードして使用できるようにしている。教材・指導アイデアを参考に目の前の子どもに合うよう調整して実践し，うまくいかなければ改善するというプロセスを大切にしてオーダーメイドの指導につなげてほしい。

さて，「困難さを改善・克服する」と聞くと「できないことをできるように」「マイナスからゼロにする」指導を思い浮かべるかもしれない。かんしゃく等の問題行動が自立活動の指導によって改善されることは望ましいが，それにとどまらず，子どもの生活を豊かにすることを目指したい。そのためには，子どもの主体的な取組の実現が鍵となる。教師側のニーズを重視した受け身的な授業ではなく，子どもの「やってみたい」「楽しそう」「もっとやりたい」を引き出す授業が求められている。例えば，目と手の協応動作が苦手な子どもが，夢中でボールを穴に入れて遊ぶことで手元を注視できるようになり，余暇が広がるような授業である。本書の教材・指導アイデアには，子どもの「やってみたい」を引き出す工夫をちりばめている。子どもたちが活動に夢中になって楽しむ中で自然と目標が達成できるよう，裏では教師が個々の目標（ねらい）をしっかりともって子どもに関わる。このような授業の実現に，教材・指導アイデアを活用していただけると幸いである。

著者　滝澤　健

CONTENTS

2心理的な安定

3人間関係の形成

4環境の把握

5身体の動き

6コミュニケーション

〈本書購入者への DL 特典〉

左の QR コード，または下記 URL より DL マークのある教材と巻末の資料をダウンロードできます。

http://meijitosho.co.jp/172145#supportinfo

第 1 章

知的障害・発達障害のある子への
自立活動の指導ポイント

01「個別の指導計画」の作成

自立活動の個別の指導計画作成手順

自立活動の指導は，「個々の幼児児童生徒が自立を目指し，障害による学習上又は生活上の困難を主体的に改善・克服しようとする取組を促す教育活動」である。国語や算数等の教科のように系統的，段階的な指導内容がなく，個々の実態把握からスタートし，指導目標，指導内容を設定するオーダーメイドの指導である。そのため，個別の指導計画の作成・活用が重要になる。

学習指導要領解説には，個別の指導計画作成手順の一例と実態把握から指導目標，指導内容の設定までのプロセスを図式化した「流れ図」が示されている。「流れ図」は障害種ごとに具体的な事例が13例紹介されており，内７例が知的障害及び発達障害に関する内容である。熟読して参考にしたい。

―自立活動の個別の指導計画作成手順（例）―

①個々の児童生徒の実態を的確に把握する。

②実態把握に基づいて指導すべき課題を抽出し，課題相互の関連を整理する。

③個々の実態に即した指導目標を明確に設定する。

④小学部・中学部学習指導要領第７章第２の内容の中から，個々の指導目標を達成するために必要な項目を選定する（※６区分27項目は14ページ）。

⑤選定した項目を相互に関連付けて具体的な指導内容を設定する。

実態把握から具体的な指導内容を設定するまでの「流れ図」

学部・学年	
障害の種類・程度や状態等	
事例の概要	

実態把握

① 障害の状態，発達や経験の程度，興味・関心，学習や生活の中で見られる長所やよさ，課題等について情報収集

②－1 収集した情報（①）を自立活動の区分に即して整理する段階

健康の保持	心理的な安定	人間関係の形成	環境の把握	身体の動き	コミュニケーション

②－2 収集した情報（①）を学習上又は生活上の困難や，これまでの学習状況の視点から整理する段階

※各項目の末尾に（ ）を付けて②－1における自立活動の区分を示している（以下，図15まで同じ。）。

②－3 収集した情報（①）を○○年後の姿の観点から整理する段階

※各項目の末尾に（ ）を付けて②－1における自立活動の区分を示している（以下，図15まで同じ。）。

指導すべき課題の整理

③ ①をもとに②－1，②－2，②－3で整理した情報から課題を抽出する段階

④ ③で整理した課題同士がどのように関連しているかを整理し，中心的な課題を導き出す段階

⑤ ④に基づき設定した指導目標（ねらい）を記す段階

課題同士の関係を整理する中で今指導すべき指導目標として	

⑥ ⑤を達成するために必要な項目を選定する段階

指導目標（ねらい）を達成するために必要な項目の選定	健康の保持	心理的な安定	人間関係の形成	環境の把握	身体の動き	コミュニケーション

項目間の関連付け

⑦ 項目と項目を関連付ける際のポイント

⑧ 具体的な指導内容を設定する段階

選定した項目を関連付けて具体的な指導内容を設定	ア	イ	ウ	…

出典：文部科学省（2018）「特別支援学校教育要領・学習指導要領解説　自立活動編（幼稚部・小学部・中学部）」

02 実態把握と指導目標，指導内容の設定

「流れ図」に沿って実態把握から指導目標，指導内容の設定までのポイントを解説する。

実態把握をする

実態把握は一人ではなく，可能な限り複数の教員でチームを組んで行うことが望ましい。子どもに関わる複数の教員で日頃の困難さを表す様子や行動を挙げて，その困難さを６区分に分けて整理し，より多角的な視点で全体像を把握する。また，実態把握は子どもの能力や特性といった個人的な要因だけでなく，どのような支援があればできるのか等の環境的な要因も含めて把握すると指導・支援のヒントを得やすい。そして，現在の子どもの様子を「点」で捉えるのではなく，過去にどのような指導が行われてきたか，今，どのような課題があり，その課題をクリアすることで，将来どのような姿を目指すのか，時間軸に沿って「線」で捉えていくことが大切である。

指導目標（ねらい）を設定する

次に実態把握の結果をもとに，指導すべき課題を抽出し指導目標（ねらい）を設定する。指導目標を設定する際は次のポイントに留意する。

・具体的，肯定的で達成可能な目標であるか？
・実際の生活や学習場面の困難さの改善につながっているか？

困難さを改善・克服するための指導というと，問題行動の改善を想起されるかもしれない。「かんしゃくを起こさない」「人を叩かない」等，問題行動をなくすことだけに注目するのではなく，子どもの困難さの背景に想像を膨らませ，そのような状況でどのように振る舞えると子どもが生活しやすくなるかを考えて目標を設定する。例えば，「『かして』カードで伝えることができる」のように，具体的で肯定的な行動で，子どもの力を高めていく視点をもつことが重要である。そして，子どもに主体的な取組を促すには，「できない」ことを目標にするだけでなく，少し手助けすれば達成できそうなことや，いろいろな場面や相手とできることを目標にすることがポイントであり，子どもも教員も成功体験を積み重ねやすくなる。

「授業ではできるけど，休み時間のトラブルは減らない」等，学んだ知識や技能がうまく活用されない悩みは多い。このような問題を解決するためには，指導目標が実際の生活や学習場面の困難さに基づいたものかを検討し，困難さが改善されたかを判断するための評価場面を事前に決めておくことが大切である。自立活動による指導の成果を授業内で完結させるのではなく，実際の生活や教科学習につなげていくことを目指したい。

指導内容と指導の場を設定する

次に，指導目標を達成するために，どのような指導（活動）内容に取り組むかを検討する。指導内容は６区分27項目の中から必要なものを選定する。困難さが一つの項目だけに起因するとは限らないため，複数の項目を関連付けて指導することが望ましい。例えば，書字に困難さがある児童の場合，手先の不器用さ（身体の動き）だけでなく，字形の捉え方の問題（環境の把握）や，自信のなさ（心理的な安定）も関係する可能性があるため，複数のアプローチを検討して指導する必要がある。

自立活動の内容「６区分27項目」

６区分27項目は以下の通りである。本書の教材・指導アイデアが該当する項目はグレーで示している。

区分	項目
１健康の保持	(1)生活のリズムや生活習慣の形成 (2)病気の状態の理解と生活管理 (3)身体各部の状態の理解と養護 (4)障害の特性の理解と生活環境の調整 (5)健康状態の維持・改善
２心理的な安定	(1)情緒の安定 (2)状況の理解と変化への対応 (3)障害による学習上又は生活上の困難を改善・克服する意欲
３人間関係の形成	(1)他者とのかかわりの基礎 (2)他者の意図や感情の理解 (3)自己の理解と行動の調整 (4)集団への参加の基礎
４環境の把握	(1)保有する感覚の活用 (2)感覚や認知の特性についての理解と対応 (3)感覚の補助及び代行手段の活用 (4)感覚を総合的に活用した周囲の状況についての把握と状況に応じた行動 (5)認知や行動の手掛かりとなる概念の形成
５身体の動き	(1)姿勢と運動・動作の基本的技能 (2)姿勢保持と運動・動作の補助的手段の活用 (3)日常生活に必要な基本動作 (4)身体の移動能力 (5)作業に必要な動作と円滑な遂行
６コミュニケーション	(1)コミュニケーションの基礎的能力 (2)言語の受容と表出 (3)言語の形成と活用 (4)コミュニケーション手段の選択と活用 (5)状況に応じたコミュニケーション

学習指導要領解説には，６区分27項目ごとに各障害の困難さと具体的指導内容例，留意点が解説されている。「流れ図」の作成に不慣れな方にとっては，子どもの困難さと自立活動との関係を明確にし，具体的な指導のイメージをもたらすものと思われる。巻末に資料として掲載した表は，知的障害と発達障害に関する記述内容を抜粋してまとめ，本書の教材・指導アイデアと対応できるようにした「一覧表」である。チェック欄を設け，簡易的に対象児のアセスメントに利用できるようにしている。７ページに案内があるQRコードまたはURLからもデータをダウンロードすることができる。

「一覧表」の使い方は次の通りである。①対象児の様子から，障害特性や困難さの各項目で該当するものをチェックする。②チェックした項目の具体的指導内容例と留意点を読む。③対応する教材・指導アイデアのページを参考にする。すべての項目に対応する教材・指導アイデアは収録できず偏りがあるが，一覧表を活用し，自立活動に関する知識を深めたい。

資料　特別支援学校教育要領・学習指導要領解説　自立活動編より　　※知的障害，発達障害に関する内容を抜粋

①各項目の障害特性や困難さに該当するかをチェックする → ②チェックした項目の具体的指導内容例と留意点を読む → ③教材・指導アイデアのページを参考にする

1健康の保持
生命を維持し，日常生活を行うために必要な健康状態の維持・改善を身体的な側面を中心として図る

項目	障害特性や困難さ	チェック	具体的指導内容例と留意点	教材・指導アイデア
(1) 生活のリズムや生活習慣の形成	特定の食物や衣服に強いこだわりを示し，極端な偏食になったり，季節の変化にかかわらず同じ衣服を着続けたりする。		●健康維持のために就寝時刻を守り，温度に適した衣服の調節をできるようにする。 ●体調を自己管理するために体温を測ることを習慣化し，体調がよくないと判断したら，その後の対応を保護者や教師と相談できるようにする。 ●毎朝その日の体調を記述，就寝時刻などを記録しスケジュール管理をできるようにする。 ●生活リズムや生活習慣の形成。清潔や衛生を保つことの必要性を理解できるようにする。	01身だしなみをチェックしよう 02食べられるものを増やそう 03時間内に着替えよう 04自分で着替えよう 05身だしなみについて考えよう 〈関連〉 47お箸でつまむ練習をしよう 49端をピタッと合わせてたたもう
	相手にどのように見られているのかを推測するのが苦手なため，整髪や着衣の乱れなどの身だしなみに関心が向かない。			
	自分の体調がよくない，悪くなりつつある，疲れているなどの変調がわからずに，無理をしてしまうことや興味のある活動に過度に集中してしまい，自己を客観的に把握することや体内の感覚を自覚することなどが苦手。			
	周囲のことに気が散りやすく，一つ一つの行動に時間がかかり，整理・整頓などの習慣が十分に身に付いていない。			
(4) 障害の特性の理解と生活環境の調整	感覚の過敏さやこだわりがあり，大きな音がしたり，予定通りに物事が進まなかったりすると情緒が不安定になる。		●自分から別の場所に移動したり，音量の調整や予定を説明してもらうことを他者に依頼したりするなど，自ら刺激の調整を行い，気持ちを落ち着かせることができるようにする。 ●個別指導や小集団などの指導形態を工夫しながら，対人関係に関する技能を習得するなかで，自分の特性に気付き，自分を認め，生活する上で必要な支援を求められるようにする。	06自分や友達の好きなものを知ろう 07こんなときどうする？ 〈関連〉 12リラックスの練習 33散髪練習をやってみよう
	自分の長所や短所，得手不得手を客観的に認識することが難しい。			
	他者との違いから自分を否定的に捉えてしまったりすることがある。			

03 自立活動の指導の工夫

指導のポイントについて

自立活動の指導を集団で行う場合，子どもの実態や目標が異なるのに同じ活動で取り組まなければならない点に困難さがある。集団指導でありながら，実際は一人一人順番に活動に取り組み，子どもの待ち時間が多くなってしまう場合も多い。しかし，子ども同士が互いの活動に注意を向けたり，やりとりしたりすることを通して学べる環境は，集団指導の大きなメリットである。

ここでは集団指導のメリットを生かすための指導のポイントを，授業の流れ（「導入」⇒「展開」⇒「振り返り」）に沿って解説する。

「導入」場面の工夫

・活動のねらいを具体的・視覚的に示す

導入場面では，タブレット端末等をテレビモニターにつなぎ，写真や動画を使って子どもたちに分かりやすく活動のねらいを伝えることが多い。視覚的な情報を使って説明することは効果的であるが，情報が流れていくことに注意したい。記憶としてとどめておくには，説明したことを板書に残していく必要がある。プレゼンテーションの内容を印刷したプリントを説明に合わせてホワイトボードに貼っていくことで，途中で，活動のねらいを思い出したり，振り返り場面で活用したりすることが可能となる。

「展開」場面の工夫

・教材や活動に個々の目標（ねらい）を盛り込む

展開場面では，できるだけ実態差に応じて取り組めるよう，個々のできることや得意なこと，指導目標に関わる内容を組み込むようにする。例えば，「わにわにゲームで遊ぼう（アイデア㉒）」であれば，Ａさんは教師が動かす「わに」をよく見て叩くことが目標になり，Ｂさんは友達と順番に遊ぶこと，Ｃさんは友達の動きに合わせてゆっくりと「わに」を動かすこと，のように個々の目標を設定する。事前の授業の打ち合わせで，子ども一人一人について授業で何ができれば目標が達成となるのか，評価基準を明確にして共有し指導・支援の一貫性を図ることが大切である。

・子どもの活動や参加の機会を豊富にする

教材の準備や片付け，授業の進行や説明等，教師が行っている活動には，「身体の動き」や「コミュニケーション」等の自立活動の要素がふんだんに含まれている。単元が進み，活動に見通しがもてるようになったら，教師が行う役割を子どもの役割として設定し，活動や参加の機会を増やしていく。

「振り返り」場面の工夫

・達成感を得やすい評価をする

振り返り場面では，導入で説明した活動のねらいを達成できたかを振り返る。子どもが客観的に活動を振り返るのが難しい場合は，活動の様子を動画で撮っておく。評価はできている部分に注目し，花丸やシール等，目に見える形で評価・称賛し，記録を残すことで自信を高めるようにする（「チャレンジ日記でやる気UP（アイデア㉑）」）。また，評価は教師だけでなく，友達からもしてもらい，互いに認め合い，高め合っていく関係を形成することも自立活動のねらいとして大切である。

【参考文献】

・大井靖・中西郁・日高浩一・岩井雄一・丹羽登・濵田豊彦・渡邉健治・蓮香美園・上地ひかり（2020）「知的障害特別支援学校を対象にした『自立活動の時間における指導』についての研究」Journal of Inclusive Education，９，1-22.
・文部科学省（2018）「特別支援学校教育要領・学習指導要領解説　自立活動編（幼稚部・小学部・中学部）」
・石川衣紀・髙橋甲介・吉田ゆり・鈴木保巳（2023）「特別支援教育の自立活動の課題に関する一考察―知的障害児，肢体不自由児，発達障害児の指導を中心に―」長崎大学教育学部教育実践研究紀要，22，71-82.

第2章

知的障害・発達障害のある子への
自立活動の指導アイデア

関連項目4-(5)

01 身だしなみをチェックしよう

指導形態 各教科等を合わせた指導

こんな子に 着替えはできるものの，身だしなみに注意が向かない。

ねらい 自分で項目を確認して身の回りを整えることができる。

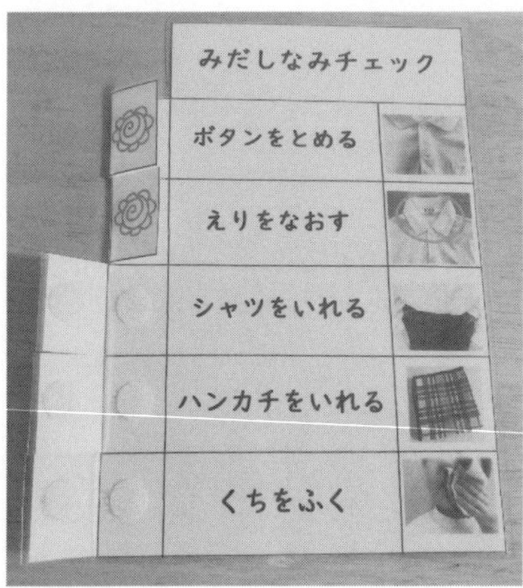

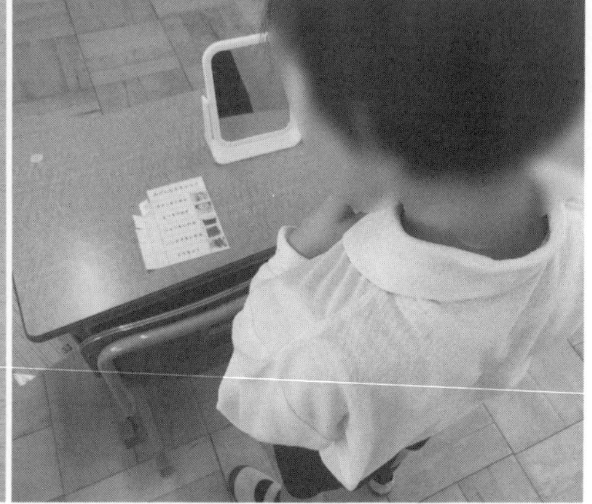

準備

- DL 身だしなみチェック表（身だしなみの項目は個の実態に応じて検討する）
- 身だしなみチェック表を印刷し，ラミネートする。花丸部分にはマジックテープを貼っておき，子どもが自分でチェックできるようにする。
- 鏡

指導の流れ

❶ 身だしなみチェック表の使い方を教える

- 子どもと一緒に鏡を見ながら身だしなみ項目を一つずつ確認する。
- 身だしなみ項目ができていたら花丸を貼ることを教える。
- 襟を直す，シャツを入れるなど，できないところは手を添えて教える。

❷ 一人で身だしなみを整える

- 教師と一緒に身だしなみ項目を確認できるようになったら，言葉掛けを減らし，離れた場所で見守る。
- 身だしなみチェック表と鏡の準備，片付けができるように，置き場所を決めておく。

❸ 身だしなみが整えられたことを報告する

- すべての項目が一人で確認できるようになったら，教師に報告することを促す。
- 報告時に，再度チェック項目を確認して不十分なところは一緒に直す。
- 最後に「身だしなみばっちりだね」と言って称賛し，自分の身の回りを意識できたことを価値付ける。

ポイント

- 着替えの手順が一人でできるようになってから取り組むようにする。
- 身だしなみチェック表以外にもメモ用紙にチェック項目を書いて示す等，個に応じた方法を検討する。
- 身だしなみチェック表を家庭に持ち帰り実践できるようにする。

関連項目6-(1)

個別　集団

02 食べられるものを増やそう

指導形態 教育活動全体（給食場面）

こんな子に 特定の食べ物にこだわりを示し偏食がある。

ねらい 見通しをもって食べられるものを増やすことができる。

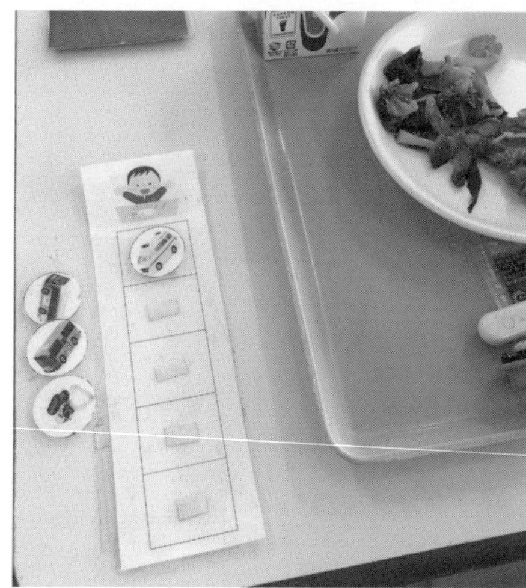

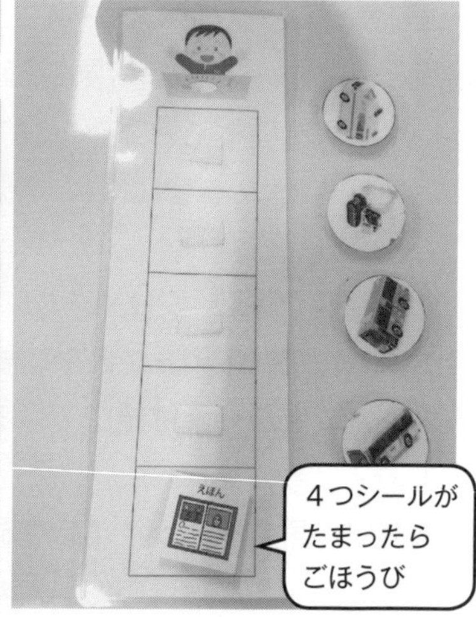

ごほうびカード

準備

- 保護者に聞き取りをして，家庭で食べられる食材を把握しておく。
- DL ごほうびカード（食器の数に合わせて枠を設定する）
- シールカード（好きなキャラクターを印刷，ラミネートして裏にマジックテープを貼る）
- その日の献立メニュー数に応じてシールカードを増減させる。
- 子どもの実態に応じてタイマーを用意する（時間制限を設ける）。

指導の流れ

❶ 食べられる食材を把握し目標を設定する

- 献立表を使って保護者に家庭で無理なく食べているメニューや食材を聞き取る。献立表に印（食べられるもの，食べられそうなもの，無理なもの等）を付けてもらうとよい。
- 家庭で無理なく食べられる食材やメニューを目標にする。
- 状況の違いにより偏食が生じていると考えられる場合は，家庭で使用している食器を持参してもらう。

❷ ごほうびカードの使い方を教える

- 食材ごとに食器を分けて盛り付ける（最初は小指の爪サイズの量）。
- シールの数と食器の数を合わせておく。
- 食器の中が空っぽになったらすぐにシールを貼って褒める。
- 空っぽになった食器は重ねて置く（専用のかごに入れてもよい）。
- すべての食器が空になり，シールが貯まったらごほうびと交換する。

❸ 食べられる量を少しずつ増やしていく

- 食器の中が空っぽになったらシールを貼るということが理解できるようになったら，確実に食べられる食材から量を少しずつ増やしていく。

ポイント

- 「減らしてください」や「いらない」等のコミュニケーションも合わせて教える。
- 連絡帳を通じて保護者と食べられるようになった食材やメニューを情報共有する。

1-(1)生活のリズムや生活習慣の形成

関連項目4-(5)

03 時間内に着替えよう

指導形態 各教科等を合わせた指導

こんな子に 着替えのスキルはあるが時間を意識することが苦手。

ねらい 時間内に着替えを終えることができる。

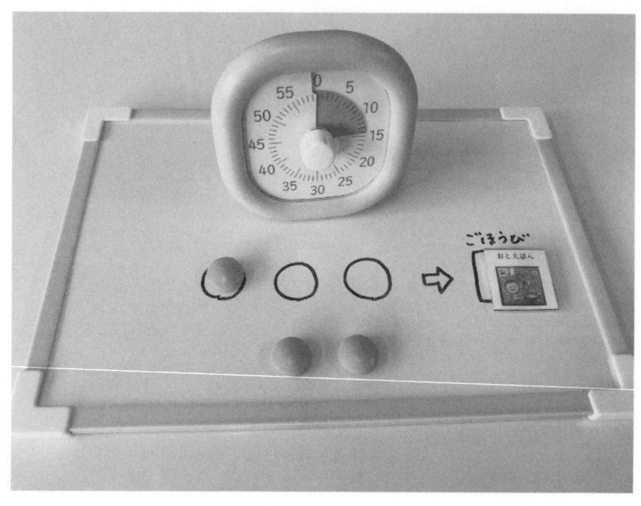

タイマーとトークンボード

準備

- タイマー（時っ感タイマー：ソニック） • マグネット（※トークン）
- ごほうびカード • ホワイトボード
- 指導前の着替えの所要時間を計測し，それよりも1分程度，短い時間を目標に設定する。

※トークンとは，適切な行動をしたらもうらことができ，欲しいものと交換できる代用貨幣である。

指導の流れ

❶ 着替えの時間とごほうびについて説明する

- 時間内に着替えることができたら，マグネットを一つもらえること，それが貯まったらごほうびの活動ができることを伝える。
- 最初は，マグネット一つから始めて，慣れてきたら増やすようにする。
  例）マグネット１個⇒ごほうび活動　マグネット３個⇒ごほうび活動
- ごほうび活動は，子どもと一緒に決める。

❷ タイマーをセットして着替えをする

- 急いでいる様子が見られたら「いいよ」「はやいね」等と声掛けをする。
- 最初はできるだけ失敗させないように，達成可能な時間設定を行う。
- タイマーが鳴るまでに着替えられたら，大いに称賛してマグネットを渡す。

❸ 子どもが自分でタイマーのセットを行う

- タイマーに目標タイムの目印を付けておき，自分でダイヤルを回してセットすることを教える。
- 慣れてきたら設定時間を段階的に短くしていく。

ポイント

- 最初は，時間内に終えるリズムを体感できるように少し手伝ってもよい。
- 時間内に活動を終える意味が分かり，タイマーの操作が身に付いてきたら他の場面でもタイマーを活用する。
- 教師の都合でタイマーを使うのではなく，子どもと設定時間を相談して決めると取り組みやすい。

関連項目４－(5)

04 自分で着替えよう

指導形態 各教科等を合わせた指導

こんな子に 活動を順序立てて取り組むことが難しく指示が必要。

ねらい 手順を確認しながら一人で着替えることができる。

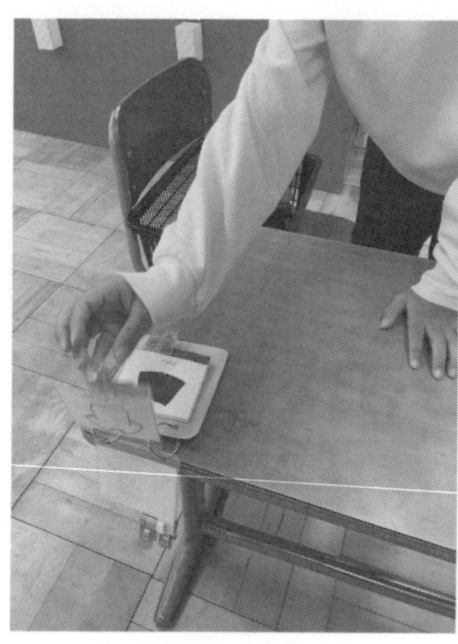
活動の様子

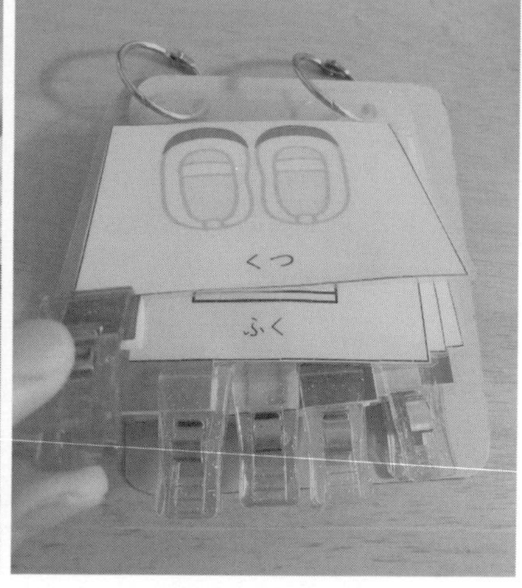

めくり式手順カード

準備

- めくり式の手順カード
- 着替えの手順を書き出してみて，絵カードを作成する。
- 絵カードはラミネートして穴をあけてリングを通す。
- 台紙の裏面にマジックテープを貼り，机上に着脱できるようにする。
- カードを１枚ずつめくりやすいようにクリップで取っ手を付ける。

※手順カードは，文字，リスト式等があり，個々の理解力に応じたものを用意する。

指導の流れ

❶ 手順カードの使い方を教える

- 最初は，教師が1枚ずつ絵カードをめくって，次にすることを指示する。
- その際は，できるだけ言葉掛けは控えて，絵カードを手掛かりにして子どもが着替えを始められるようにする。

❷ 自分でカードをめくりながら着替える

- 慣れてきたら子どもが自分でカードをめくることを促す。
- 子どもが自分からめくるのを数秒待ち，めくらなければ「次は」，「めくって」等と言葉掛けでヒントを与える。
- 自分でカードをめくって着替えられたタイミングで称賛する。

❸ 手順カードの準備・片付けをする

- 手順カードはいつも同じ場所に置くことで，子どもが自分で準備や片付けをできるようにする。

ポイント

- 手順カードを用意すればすぐに使えるわけではなく，手順カードの使い方を教える必要がある。
- 教師の指示ではなく，手順カードを手掛かりにして自分で着替えられるよう，言葉掛けは減らしていく。
- 衣替えの時期は着替えるものが変わるため，その都度，絵カードを差し替えるようにする。
- 手順カードの操作に慣れてきたら，家庭に持ち帰り活用場面を広げる。

関連項目3－(3)

05 身だしなみについて考えよう

指導形態 時間における指導（通級指導教室）

こんな子に 自分の身だしなみや周囲に注意を払うことが難しい。

ね ら い 身だしなみを整える意味を考えて実行することができる。

「身だしなみはどうして大切？」ワークシート

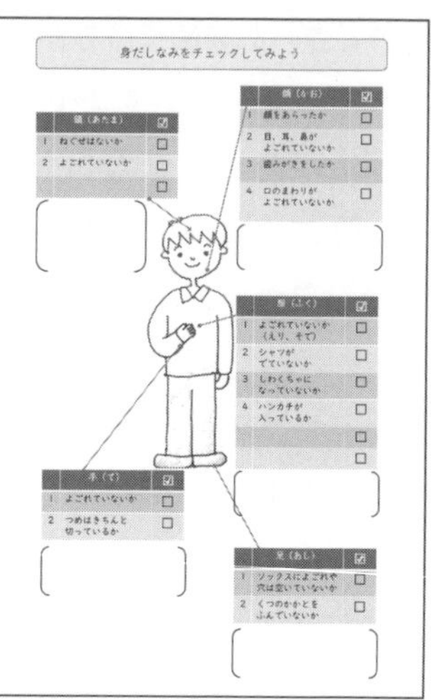

身だしなみチェック表

準備

- DL「身だしなみはどうして大切？」ワークシート
- DL 身だしなみチェック表
- DL 記録用紙
- 事前に保護者に家庭で記録を付けることを説明しておく。
- 現在の身だしなみの状態を把握し，目標を決めるためのチェック項目をリストアップしておく。

指導の流れ

❶ ワークシート「身だしなみはどうして大切？」を使って不潔な場合，清潔な場合で相手がどう思うかを考える

- 相手の気持ちを想像するよう促し，吹き出しに記入させる。
- 相手の気持ちを想像することが難しい場合は，選択肢を示す。

❷「身だしなみチェック表」を使って身だしなみチェックをする

- 頭（髪の毛），服，足，手などのチェック項目を一緒に確認する。
- できていないチェック項目を取り上げ，子どもと目標を設定する。
- 決めた目標を括弧内に記入する。

❸ 記録を付ける

- 記録用紙を家庭に持ち帰り，毎日記録を付ける。
- 記録用紙は通級指導教室に持参するようにし，授業のはじめに一緒に確認する。
- できている項目を称賛する。
- できていない項目については，どうすればできるようになるかを一緒に考える。

ポイント

- 記録を付けるタイミングを具体的に決めることで習慣化を図りやすくする。
例）登校する前
- 最初は，保護者の協力を得て一緒に記録を付けてもらう。
- 評価するときには，「～ができているから，先生，気持ちいいよ」と相手がどう思ったかを伝えるようにする。

関連項目6-(4)

06 自分や友達の好きなものを知ろう

指導形態 時間における指導

こんな子に 自己理解や友達への意識が十分でない。

ねらい 好きなものの自己紹介を通じて自己理解や他者意識を促す。

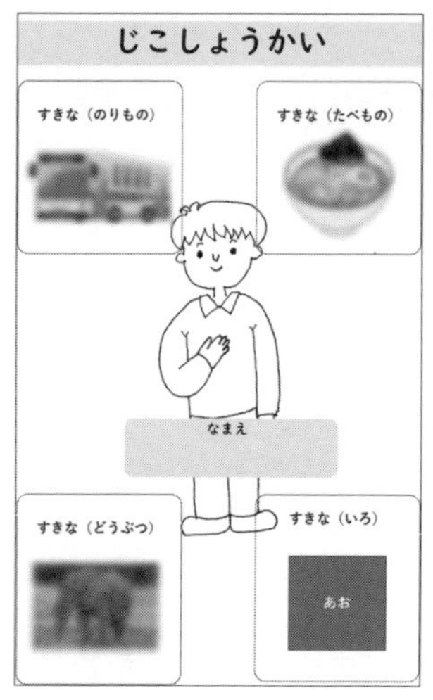

自己紹介シート

好きなものを紹介するための iPad アプリ

準備

- DL 自己紹介シート
- iPad（DropTap：ドロップレット・プロジェクト）でテーマ（動物，色，食べ物等）を決めて好きなものの写真やイラストデータを用意しておく。
- テレビモニター（iPad の画面を映し出す）
- 自己紹介シートに貼る用の好きなものの写真を印刷しておく。
- 事前に保護者に聞き取りをして，子どもの好きなものを把握しておく。

指導の流れ

❶ 好きなものを発表する

- 授業のはじめに自己紹介コーナーを設けて好きなものを発表する。
- iPad の画面をテレビモニターに映し出し，聞き手の児童に伝わりやすくする。
- 「名前」，「好きなもの」，「よろしくお願いします」の順に伝える。
- 他の児童と握手やハイタッチをする。

❷ 友達の好きなものを答える

- 好きなものの発表後，聞き手の児童に質問する。
  例）「○○さんの好きなものは何だった？」
- 発表した児童の好きなものを正しく答えられたら，「よく聞いていたね」「○○さんも一緒だね」等，称賛するとともに話題を広げる。

❸ 自己紹介シートに写真を貼る

- テーマごとに好きなものの写真を貼って自己紹介シートを完成させる。
- 写真以外にも文字や絵をかいてもよい。
- 友達と比べて自分との違いや共通点に気付けるように言葉掛けをする。

ポイント

- 発表の順番を事前に知らせておくことで心の準備ができるようにする。
  （参照：アイデア㉙「順番ボード」の使用）
- 発表→握手→友達の好きなものを聞く，等の活動の流れを一定にすることで見通しがもてるようにする。
- 交流及び共同学習での自己紹介場面にも活用する。

関連項目2-(1), 4-(2)

07 こんなときどうする？
～苦手な音～

指導形態 時間における指導

こんな子に 聴覚過敏により特定の音が苦手。

ねらい 苦手な音への対処方法を身に付ける。

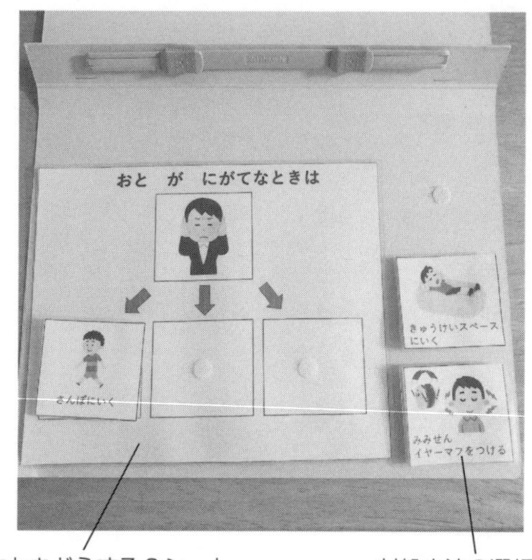

こんなときどうする？シート　　対処方法の選択カード

準備

- 事前に対象児の苦手な音や対処方法について把握しておく。
  ※苦手な音で困っている様子をビデオに撮っておくと説明しやすい。
- 対象児ができそうな対処方法をリストアップして選択カードを作る。
- 「こんなときどうする？シート」と選択カードはラミネートして，マジックテープで着脱できるようにしておく。
- 休憩スペースをあらかじめ決めておく。

指導の流れ

❶「こんなときどうする？シート」の使い方を教える

- 苦手な音で困っている様子を動画で見せる。
- 選択カードを空欄に１枚ずつ貼り，対処方法を説明する。
- どうすれば楽になるかを子どもと一緒に考える。

❷ 対処方法を練習する

- 選択カードで示された対処方法を一つずつ体験してみる。
- 選択カードと対処方法が対応できているかを確認する。
  例）選択カードを見せて「これやってみて」と指示して，できるかどうかを確かめる。

❸ 実際場面で練習する

- 最初は少しだけ苦手な音から始める（かんしゃくにならない程度の音）。
- かんしゃくや泣きの前兆が見られたらシートを見せて，対処方法を選択させる。

ポイント

- イヤーマフ，ノイズキャンセリングヘッドホンは，触覚に過敏さがあると嫌がる場合が多いので，好きな遊びとセットにして少しずつ慣らして教えるとよい。
- 段階表（0点：いや，１点：すこしいや，２点：ふつう，３点：すごくよい等）を理解できる児童であれば，対処方法を評価してもらい自己理解を促す。
- 休憩スペースや散歩等の対処方法は，終わり方を決めておく（タイマー等）。

関連項目5-(1)

08 踏み台運動をやってみよう

指導形態 時間における指導
こんな子に 肥満傾向で運動習慣が身に付いていない。
ねらい 継続して運動に取り組む習慣を身に付ける。

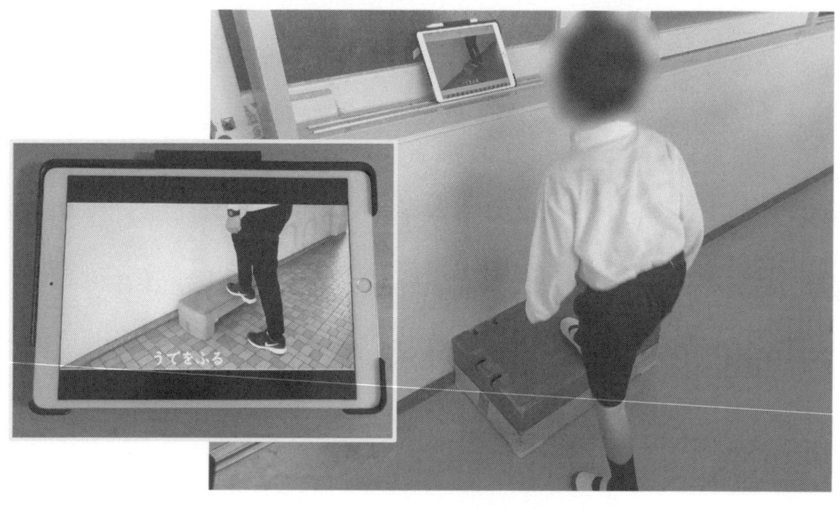

手本動画　　踏み台運動の様子

準備

- 踏み台（高さ約20㎝）
- 手本動画（BGM を流しながら踏み台運動をしている手本を撮影する）
- BGM は子どもの好きな曲で2，3分程度のものにする。
- 手本動画の BGM が周囲の迷惑になる場合はヘッドホン等を用意する。

指導の流れ

❶ 運動することのよさを伝える

- イラスト等を使って，「運動しないでダラダラしていると病気になりやすい」「運動すると元気になる」ことを伝え，運動へのやる気を引き出す。

❷ 踏み台運動のやり方を教える

- 手本動画を見せながら，台の昇り降りの動きを教える。
- 台の昇り降りが連続してできない子どもには，最初は手をつないで一緒に行い，徐々に援助を減らしていく。
- 台から降りるときにふらつく場合は背中を軽く支えるようにする。
- 途中で動きが止まる場合は，「がんばれ」「イチ，ニー」等の声掛けをして励ます。

❸ 自分で道具の準備・片付けをする

- 慣れてきたら，踏み台や iPad 等の準備や片付けを自分でするよう促す。
- 手本動画のレパートリーを用意し，より長い時間の BGM で取り組む。
  ※セット数を増やしてもよい。

ポイント

- 記録を付けることで運動を継続する意欲を高めるようにする。
  （参照：アイデア㉑「チャレンジ日記でやる気 UP」）
- 子どもががんばって取り組んでいる様子を動画に撮って保護者に伝えたり，手本動画を提供したりすることで家庭での運動習慣の形成につなげる。

関連項目５－(5)

個別　集団

09 フープなわとびをやってみよう

指導形態　時間における指導

こんな子に　肥満傾向で運動習慣が身に付いていない。

ねらい　継続して運動に取り組む習慣を身に付ける。

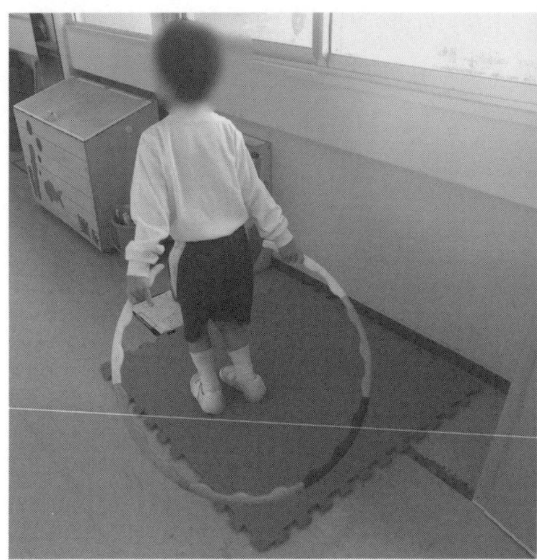

フープなわとびの様子

記録用紙

準備

- フープ（一部分を外し子どもの体に合わせて長さを調節する）
- DL 記録用紙（10回ずつ○を記入できるようになっており，合計回数を見て分かりやすくしている）
- マット（廊下で実施する場合）
- タイマー（時間を設定して実施する場合）

指導の流れ

❶ フープなわとびのやり方を教える

- 〈ステップ1〉足元のフープを両足ジャンプで飛び越える練習をする。
- 〈ステップ2〉両足ジャンプと同時にフープを後方に回す動きを練習する。
- 〈ステップ3〉フープを背後から前方に回す動きを練習する。
  ※手を添えてフープを回す動きを補助する。
- 〈ステップ4〉一回旋一跳躍ができるようになったら連続跳びを練習する。
  ※数唱してリズムをとったり，手本を見せたりする。

❷ 時間や目標回数を設定して跳ぶ

- タイマーで終わりを示したり，目標回数を設定したりする。
- 途中で動きが止まる場合は，数唱したり，声掛けしたりして励ます。
- フープやマット，タイマーの置き場を決めて，自分で準備や片付けができるようにする。

❸ 跳んだ回数を記録する

- 頭の中で数えながら跳ぶことが難しい場合は，10回ごとに記録用紙に○を付けて後で合計回数を求める。

ポイント

- フープでの連続跳びに慣れてきたら，通常のなわとびにも挑戦する。
- 運動を継続する意欲を高める。
  (参照：アイデア㉑「チャレンジ日記でやる気UP」)
- 保護者の協力を得て，フープや記録用紙を家庭に持ち帰って実施することで運動する機会を広げる。

関連項目４－(4)

⑩ 体幹トレーニングをやってみよう

指導形態　時間における指導

こんな子に　運動習慣がない。体幹が弱く姿勢が崩れやすい。

ね ら い　腕や足，体幹を意識して運動に取り組むことができる。

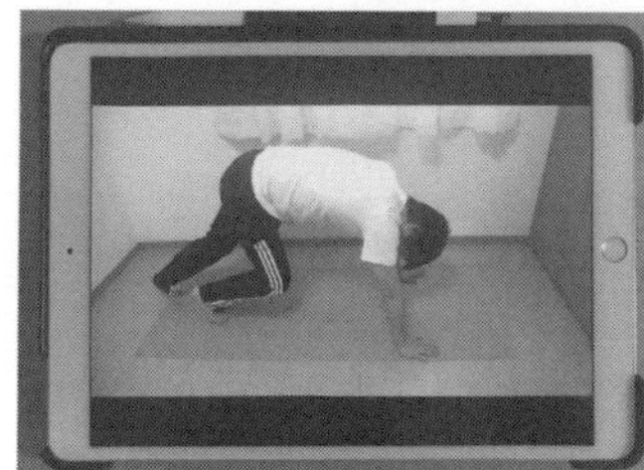

手本動画

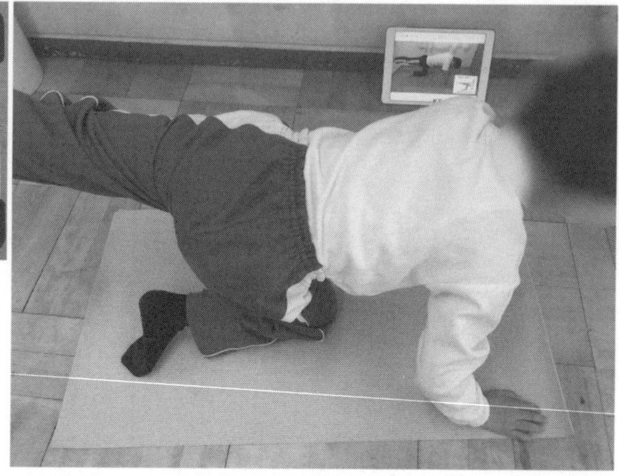

体幹トレーニングの様子

準備

- 手本動画
  （各姿勢・動きは子どもの実態に合わせたものを用意する）
  （各姿勢・動きの手本を示すときは10カウントを入れておく）
- iPad 等のタブレット端末
  ※小集団指導で使用する場合はテレビモニターに映す。
- ヨガマット

指導の流れ

❶ 各姿勢・動きを練習する

- 手本動画を見せながら各姿勢・動きを補助する。
- 最初から完璧にできることを求めずに，すべての姿勢・動きを一通り経験できたことを称賛する。
- 難しい動きについては手本動画を一時停止して取り組む。

❷ 姿勢・動きのポイントを意識して練習する

- トレーニングの見通しをもてるようになったら，各姿勢・動きのポイントを練習する。
- 腕や足，背中をまっすぐ伸ばす姿勢・動きでは，肘や膝等ポイントとなる体の部位を支えて意識できるようにする。
- 同じ姿勢を保つことが難しい子どもには，体を支えながら10カウントを行う。

❸ 動画を見て評価する

- トレーニング中の様子を動画に撮っておき，評価場面で視聴する。
- ポイントとなる姿勢・動きができたかどうかを確認する。
- 「まっすぐ，ピンと伸びているね」等，ポイントとなる動きを称賛する。

ポイント

- マットを広げたり，丸めたりして準備や片付けをすることは，体の動きや位置や方向を学ぶよい機会となる。
- 運動を継続する意欲を高める。
  （参照：アイデア㉑「チャレンジ日記でやる気UP」）

関連項目３－(3)

⑪ めざせ○○！　体重を記録しよう

指導形態　時間における指導

こんな子に　肥満傾向にあり，自分の体への意識が乏しい。

ねらい　継続的に体重記録を付けることで運動や体への意識を高める。

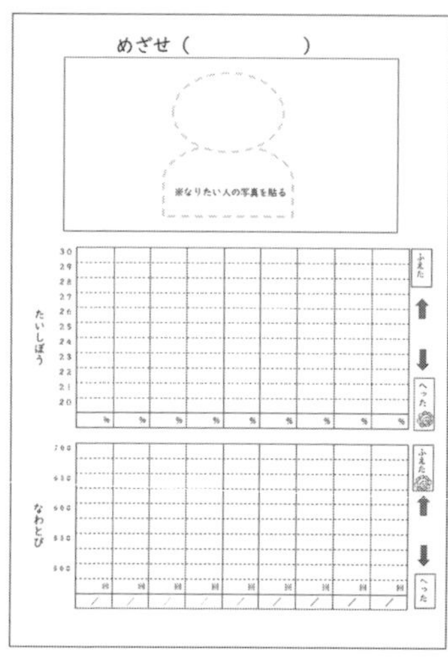

記録用紙

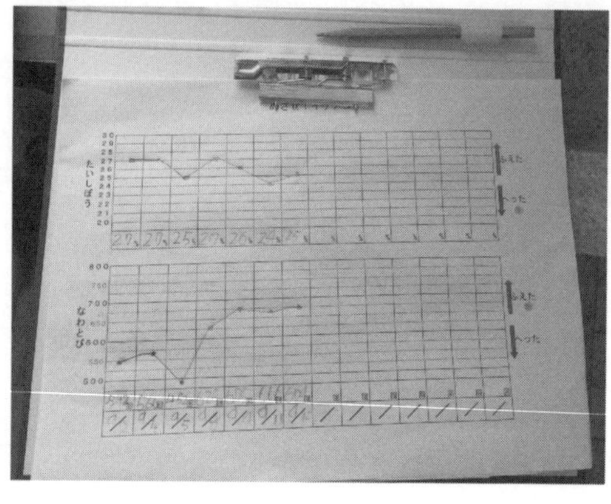

実際の記録

準備

- DL 体重（体脂肪）記録用紙
- バインダー
- 筆記用具（記入しやすいようにバインダーに付けておく）
- 体重計（体脂肪計）

指導の流れ

❶ 現在の体重（体脂肪）を計測して目標を決める

- 子どもと相談して目指したいタレントの写真を貼る（いない場合は理想体形のイラストを貼る）。
- 取り組む運動と目標の体重（体脂肪）を決めて記録用紙に記入する。

❷ 運動したら体重（体脂肪）を計測して記録する

- 運動（参照：アイデア⓼，⓽，❿　踏み台運動等）をした後，運動の回数と体重（体脂肪）を測定して記録用紙に記入する。
- 最初はグラフの付け方を身に付けられるよう一緒に記録する。

❸ グラフを見て評価する

- 前日と比べてグラフがどうなったかを一緒に確認する。
- 体重（体脂肪）は数が減ったら（グラフが下になったら）○，運動は数が増えたら（グラフが上になったら）○，と分かりやすく説明する。
- 体重（体脂肪）が減ったら，「運動がんばったから減ったね」等と運動と関連付けて称賛する。

ポイント

- 養護教諭や保護者との連携が大切である。
- 目指す憧れのタレントをキーワードにして声を掛けることで，運動への意欲を高める。
- 数値の変動だけでなく，毎日記録を付けられていることを称賛する。

2-(1)情緒の安定

関連項目 1-(5)

⑫ リラックスの練習

指導形態 時間における指導（通級指導教室）

こんな子に 情緒の安定が難しく，不適切な行動をとりやすい。

ね ら い 自分で落ち着くための方法を身に付ける。

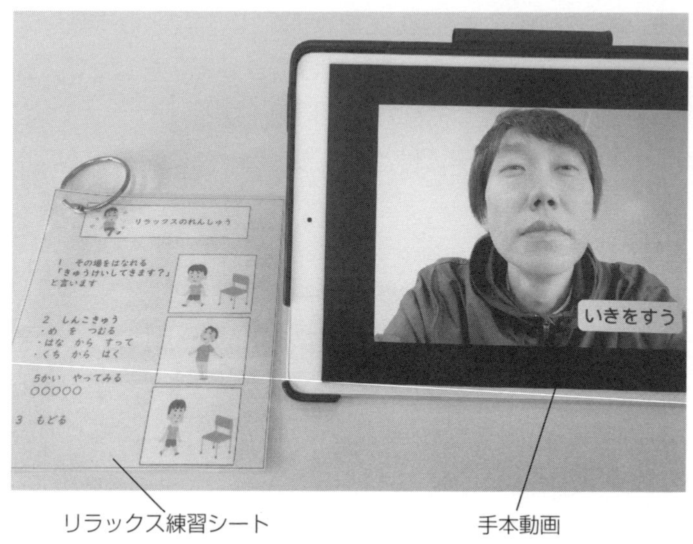

準備

- DL リラックス練習シート
  ※印刷してラミネートしておく。
- 手本動画（深呼吸のやり方を動画で撮影しておく）
- できるだけ静かな環境を用意する。
- アイマスク（目をつむることが難しい場合）

指導の流れ

❶ リラックスする必要性を考える

- イライラする場面を思い出させ，現在の対処方法を尋ねる。
- リラックスできるとどんなよいことがあるかを具体的に教える。

❷ リラックスのやり方を練習する

- リラックス練習シートを使って実際にやってみる。
- 手本動画を見ながら深呼吸の練習をする。
- きちんと鼻から息を吸うことができているかどうかを確かめるため，お腹に手を当てながら行う。
- 最初は目を開けて行い，慣れてきたら目をつむってやってみる。
- アイマスクを使ってもよい。

❸ リラックスできたかどうかを自己評価する

- 深呼吸をして気持ちがどのように変化したかを尋ねる。
- 段階表や点数で評価して，前回の練習と比較する。
- リラックスするのが上手になったことを称賛する。
- 実際場面でもできるようにリラックス練習シートを見える場所に貼っておく。

ポイント

- 子どもがイライラする場面をアセスメントしておき，前兆行動が見られたときに「リラックスしよう」と促す。
- 他の教員と共通理解しておき，対応を一貫させることが重要である。

関連項目4-(5)

⑬ タイマーを使って待つ練習

指導形態 教育活動全体（休憩時間）

こんな子に 要求がかなわないときに気持ちが不安定になりやすい。

ねらい タイマーを使って見通しをもち落ち着いて待つことができる。

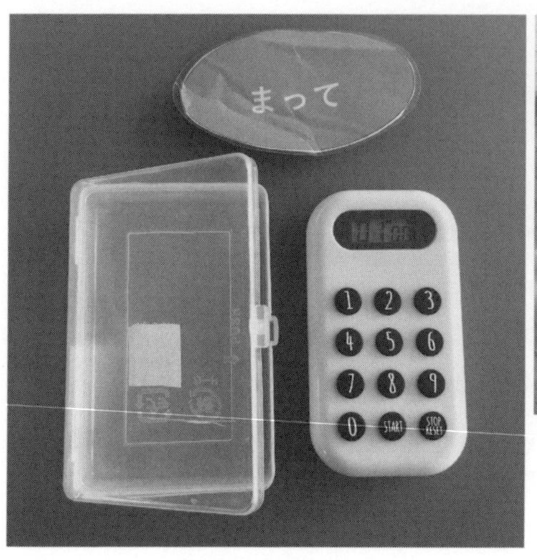

タイマーと待ってカード

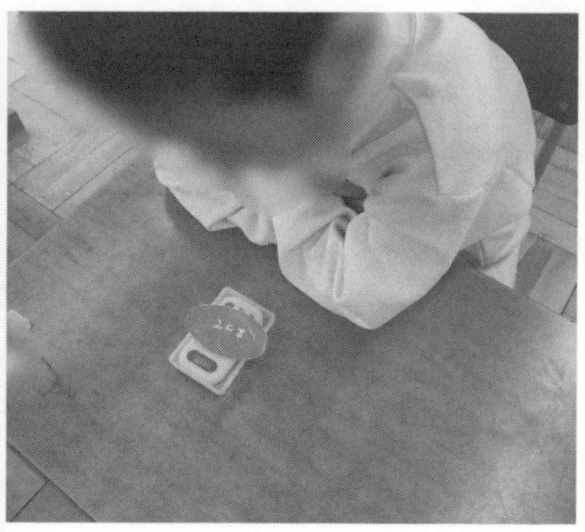

待っている様子

準備

- キッチンタイマー　・カードケース　・待ってカード　・マジックテープ
- カードケースにキッチンタイマーを入れてボタンをカバーする。カードケースの表面と待ってカードの裏面にマジックテープを貼り，着脱できるようにする。
- 待つ練習をする前に要求のコミュニケーションができるようになっていることが望ましい。

指導の流れ

❶ 要求時を利用して待つ練習をする

- 子どもが何か遊びを要求してきたら，「待ってね」と言いながらタイマーを見せる。
- 最初は５秒から始めて段階的に時間を延ばしていく。
- タイマー音が鳴ったら，「よく待てたね」と褒めて要求したものを手渡す。

❷ 待つ時間を延ばす

- ５秒待つことが安定してできるようになったら，10秒，１分，３分と時間を延ばす。
- 最初は子どものそばで一緒に待つようにするが，慣れてきたら教師は他の用事をするふりをして様子を観察する。
- 教師が子どもから離れても待てるようになったかを確認する。
- 子どもが勝手にカバーを外そうとしたり，その場から離席したりする場合は，前回できるようになった秒数に戻して練習する。

❸「待ってね」の指示に対して自分でタイマーを用意する

- 慣れてきたら，子どもの要求に対して「先生，お仕事があるから待ってくれる」と言って，子どもにタイマーを持ってくることを促す。

※カバーが必要なくなれば外しても構わない。
※代わりに他の遊びをすることを促してもよい。

ポイント

- 失敗をさせないように短時間から始めることがポイントである。
- 休憩時間以外にも活用場面を広げていく。

関連項目4-(5)

⑭ スケジュールで活動を切り替えよう

指導形態 教育活動全体

こんな子に 活動の切り替えで不安定になりやすい。

ねらい スケジュールカードを使って次の活動への見通しをもつ。

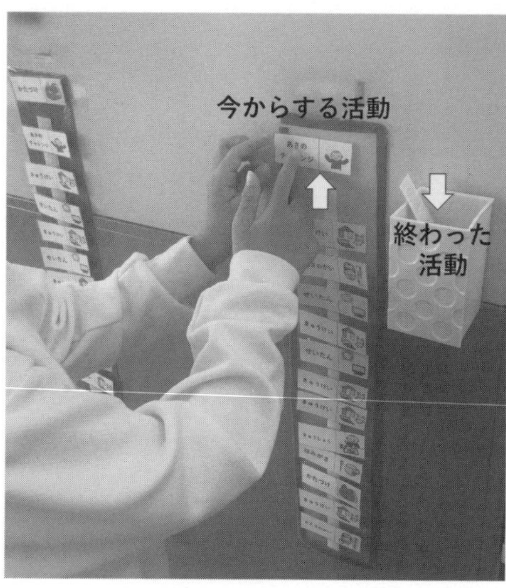

スケジュールの使い方

①終わったスケジュールカードを箱に入れる

②次にするスケジュールカードを貼る

③活動場所に移動する

準備

- スケジュールボード　・スケジュールカード　・マジックテープ
- 終わったスケジュールカードを入れるための容器
- 休憩時間の終わりを知らせるためのタイマーや BGM
- スケジュールカードは子どもの理解力に応じて，絵，写真，具体物，文字を選んで作成する。スケジュールボードとスケジュールカードにはマジックテープを貼って着脱できるようにする。

指導の流れ

❶ スケジュールの使い方を教える

- 休憩時間の終わりを知らせるタイマー音や BGM 等に合わせて，「スケジュール」「予定を見ましょう」等と声を掛ける。
- 一緒にスケジュールボードのところに行き，終わったスケジュールカードを外して容器に入れ，今からするカードを一番上に貼る動きを補助する。
- スケジュールカードを操作するときは，「終わり」「次は」等の統一した声掛けをする。慣れてきたら声掛けを減らしていく。

❷ タイマー音や BGM に合わせて自分でスケジュールを操作する

- タイマー音が鳴ったら，すぐに声を掛けずに子どもが自分で活動を切り替えるのを待つ。
- 数秒待っても活動を切り替えられない場合は，「スケジュール」等の声掛けをして促す。
- 遊びに集中して終わることが難しい子どもには，タイマーが鳴る数分前から予告をしたり，片付けの一部を手伝ったりしてタイミングに配慮する。

❸ スケジュールカードを使って中止や変更を教える

- 予定に中止や変更がある場合は，事前にスケジュールボードで伝える。
- 中止になったスケジュールカードに中止マークを貼ったり，追加された活動のカードを挿入したりして，子どもに見せながら短い言葉で説明する。

ポイント

- スケジュールには子どもの楽しみな活動を入れると意欲を高めやすい。
- 子どもの理解力に応じたスケジュールを用意すること。

2-(2)状況の理解と変化への対応

関連項目4-(5)

⑮ いつもと違っても大丈夫

～儀式的行事のスケジュール～

指導形態 教育活動全体（特別活動）

こんな子に いつもと異なる予定で不安定になりやすい。

ねらい いつもと異なる行事に見通しをもって参加する。

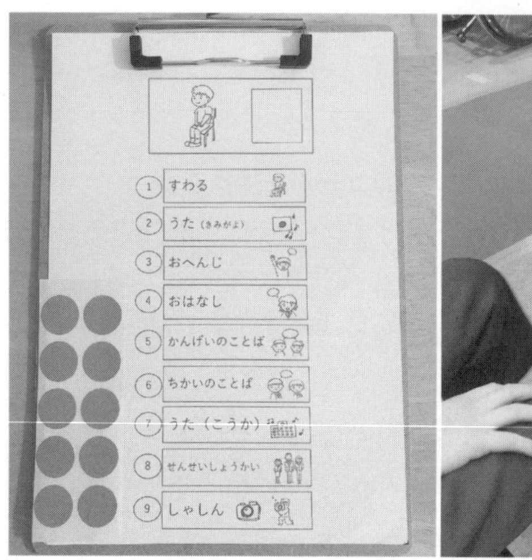

行事用スケジュール

活動の様子

準備

- DL 入学式等の行事用スケジュール　● シール　● クリアファイル
- 行事練習の内容に合わせてスケジュールを作成する。
- 印刷したスケジュールをクリアファイルに入れることで，シールを貼ったりはがしたりして繰り返し使用することができる。
- スケジュールの上部には約束事（静かにする，よい姿勢で座る等）を明記しておき，最後に花丸等で評価できるようにする。

指導の流れ

❶ 儀式的行事スケジュールの使い方を教える

- 昨年度の儀式的行事の写真や動画がある場合は，事前に視聴して行事のイメージをもたせるようにする。
- 一つ活動が終わるごとにシールを貼って「終わり」と伝える。
- 最後に約束事を守れたことを振り返り，花丸等で評価する。

❷ 自分でスケジュールを確認する

- スケジュールの使い方に慣れてきたら，シールを貼ることを子ども自身が行うように促す。
- シールを貼るのを忘れていたら指さし等で促す。
- 姿勢が崩れていたり，声が出ていたりしたら約束事を示したイラストを指さし注意を促し，できていたらジェスチャー等で褒める。
- 練習しない活動がある場合は，斜線を引いて中止を見える形で伝える。

❸ 行事当日に参加する

- 途中で参加が難しくなった場合は，「ここまで終わったら教室に帰りましょう」等，スケジュールを使って子どもと交渉する。
- できた部分を褒めるようにし，次年度に経験を生かせるようにする。

ポイント

- 儀式的行事のスケジュールは練習段階から使用しておくことが望ましい。
- 行事だけではなく，普段からスケジュールを確認して行動する習慣を身に付けておくことが大切である。

⑯ 外出先での見通しをもとう

～校外学習ファイル～

指導形態 各教科等を合わせた指導

こんな子に 外出先で見通しをもちにくく不安定になりやすい。

ねらい 刺激が多い外出先で活動の見通しをもち落ち着いて行動する。

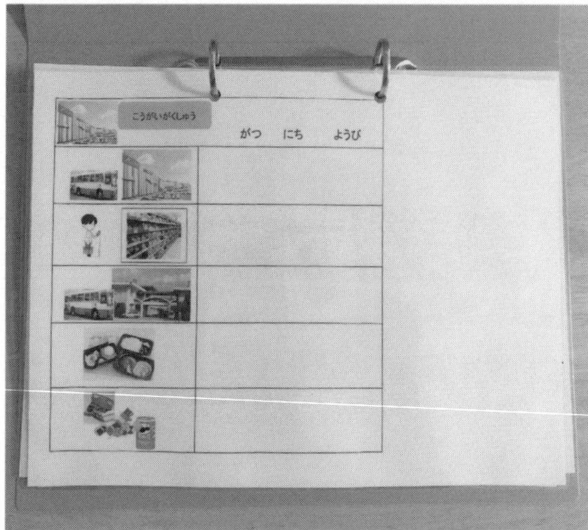

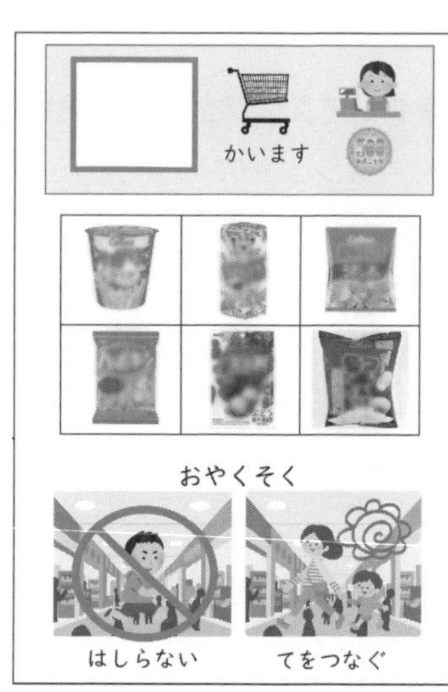

校外学習のワークシート例

準備

- 校外学習ファイル（B５サイズ） ●校外学習のワークシート
- ラミネート ●マジックテープ
- 校外学習の事前学習で使用したスライド画面（日程や買う物，食事，約束事，等）を印刷，ラミネートしてファイリングする。
- ワークシートは書字，マッチング等，個に応じた形式で作成する。
- 事前に保護者アンケートで外出先での困りごと等を把握しておく。

指導の流れ

❶ 校外学習の事前学習で日程や買う物，約束事等を学ぶ

- プレゼンテーションアプリ等を使って校外学習当日の日程や買う物，約束事等を説明する。
- ワークシート（使用したスライドを印刷したもの）を配付しファイリングする。

❷ ワークシートを使って日程や食事，約束事等を確認する

- 日程欄にスケジュールを書いたり，カードを貼ったりする。
- 食事欄に食べたいメニューを選んで書いたり，カードを貼ったりする。
- 買うものの欄に買いたいものを書いたり，カードを貼ったりする。
- 公共施設での禁止事項や振る舞い等，約束事を一緒に確認する。

❸ 校外学習当日に参加する

- 作成した校外学習ファイルを持参する。
- 各活動の前に事前学習の内容を再確認する。
- 活動終了後，校外学習ファイルを使って振り返り・評価を行う。

ポイント

- プレゼンテーションによる事前学習の情報は，視聴するだけでは記憶に残りにくいため，ワークシートにしてファイリングし，学習履歴を残しておくことで当日に生かすことができる。
- 校外の公共施設は刺激が多いため，口頭での指示が通りにくくなりやすいので視覚的な情報を加えて見通しをもたせるようにする。
- 家庭に持ち帰り，保護者と一緒に実践してもらう。

関連項目6-(5)

⑰ はなまるの行動はどっち？

指導形態 教育活動全体

こんな子に 気持ちが不安定で他害等の不適切な行動をとりやすい。

ねらい 不適切な行動ではなく，より望ましい代替行動ができる。

「はなまるはどっち？」カード

裏面（花丸で即時評価）

準備

- DL「はなまるはどっち？」カード（枠のみ）　• ラミネート　• リング
- 事前に対象児の不適切な行動を把握しておく。
- 不適切な行動の代替行動（代わりとなる望ましい行動）を具体的に設定する。
- 不適切な行動に禁止マーク，望ましい行動に花丸マークを付けて視覚的に表示する。裏面には花丸を記入する欄を設ける。
- ラミネートしてリングを通し，かばんや机にさげ，即時評価に用いる。

指導の流れ

❶「はなまるはどっち？」カードで約束事を確認する

- カードを見せながら，やってはダメな行動と代わりにどうすれば花丸なのかを説明する。
- カードの裏面を見せて，適切な行動ができたら花丸を書いてもらえることを説明する。

❷ より望ましい代替行動を練習する

- トラブルになりやすい場面を意図的に設定して，まずは教師を相手に代替行動を練習する。
- できたら花丸を書いて大いに称賛する。

❸ 実際場面で実践を促し評価する

- 友達とトラブルになりそうになったら，カードを見せたり，「どうするのが花丸？」と声を掛けたりして代わりの行動を促す。
- 最初は少しでも代わりの行動をとることができたら花丸で即時評価する。
- 不適切な行動をとってしまった場合は，カードを見せて代わりの行動を再度促す。
- カードは家庭にも持ち帰り，保護者からも称賛してもらう機会を設ける。

ポイント

- 代替行動は既にできている行動から選ぶと成功しやすい。
- 不適切な行動の前兆を把握することが大切である。
- 教師により対応が異ならないように綿密に共通理解を図って取り組む。

関連項目3-(3)

18 ○回したら終わり

～回数ボード～

指導形態 教育活動全体

こんな子に 要求を繰り返し，かなわないと気持ちが不安定になる。

ね ら い 活動の終わりが分かり，行動を切り替えることができる。

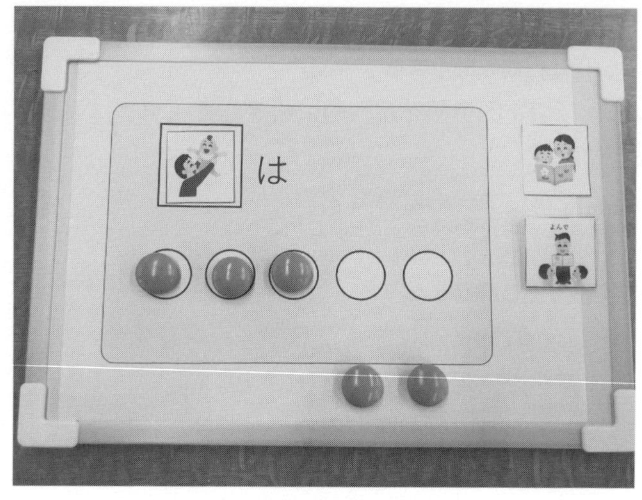

回数ボード

準備

- DL 回数ボード
- 要求カード（子どもが繰り返し要求する遊びの絵カード）
- マグネット　・ホワイトボード
- 子どもの要求回数に応じてマグネットを並べておく。
- 絵カードやサイン等で要求ができるようになっていることが前提である。

指導の流れ

❶ 回数ボードの使い方を教える

- 子どもから遊びの要求があったとき，回数ボードにマグネットを○回分貼り，「○回したら終わりね」と伝える。
  例）繰り返しの質問，体を使った遊び（ぐるぐる回す）等
- 1回要求をかなえたらマグネットを一つ外し，○回分すべてなくなったら「終わり」と言って遊びを切り上げる。
- マグネットをすべて外したら回数ボードを片付ける。
- 遊びを切り上げられて気持ちが不安定になる場合は，別の遊びに誘うようにする。

❷ 回数ボードを自分で用意し，片付ける

- 遊びの要求があったときに，回数ボードを持ってくることを指示する。
- 遊びが終わったら回数ボードを片付けることを促す。
- 遊びを切り上げられたことを大いに褒める。

❸ 回数ボード以外の方法を試してみる

- マグネットだけでなく，マーカーや鉛筆で○印を書いたり，付箋紙の枚数で回数を伝えたりしてみる。

ポイント

- 最初は多めの回数に設定しておくと子どもが納得しやすい。
- 言葉で「もう終わり」と伝えるだけでなく，目に見える形で回数，終わりを示すことが大切である。
- 家庭でのおやつの個数制限に応用することができる。

関連項目4-(2)

⑲ 遊びのレパートリーを広げよう

～めくり式活動スケジュール～

指導形態 教育活動全体

こんな子に 感覚遊びにふけっている時間が多く遊びが広がりにくい。

ねらい 感覚遊び以外の遊びで休憩時間の過ごし方を身に付ける。

自立課題をしてから
好きな感覚遊びをする

ポケットアルバムを
使っためくり式活動
スケジュール

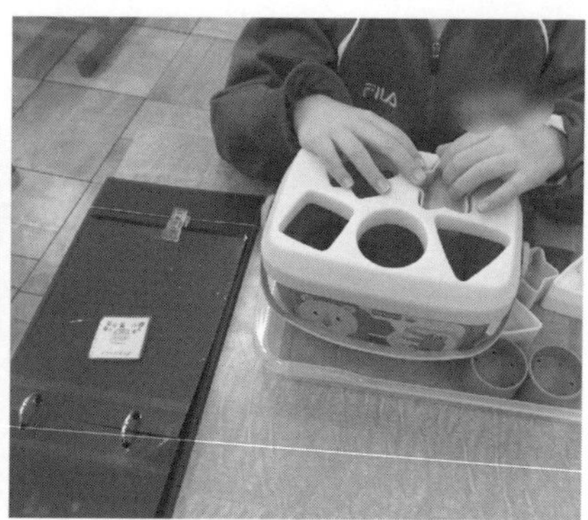

めくり式活動スケジュール

休憩時間の様子

準備

- めくり式活動スケジュール

※ポケットアルバムの台紙に遊びのスケジュールカードを貼る。

※アルバムのページをめくりやすいようにクリップを付けておく。

- 自立課題（子どもが自分一人でできる課題　例：型はめパズル等）
- 好きな感覚遊びグッズ

※事前に子どもの好きな感覚遊びと，自分一人でできる自立課題を把握しておく。

指導の流れ

❶ 休憩時間の過ごし方を教える

- めくり式活動スケジュールを使って，好きな感覚遊びの前に自立課題をすることを伝える。
- 自立課題は他の個別指導等で既にできるようになったものを用意する。
- 自立課題が終わったら「よくできたね」と言い，次の活動スケジュールを指さしながら好きな感覚遊びグッズを渡す。

❷ 自分で活動スケジュールを操作することを教える

- 「自立課題」⇒「感覚遊び」の流れに慣れてきたら，活動スケジュールを自分で操作することを教える。
- 行動が途中で止まってしまう場合は，「次は何？」と声を掛けたり，課題を指さしたりして促す。

❸ 自立課題のレパートリーを広げる

- 自立課題のレパートリーを増やして選択できるようにする。
- 自立課題を２つしてから感覚遊びのように，感覚遊びにふける時間を短くしていく。

ポイント

- 感覚遊びは子ども本人にとって気持ちを安定させるものでもあるので，不安定になっていないか様子を観察しながら実践する。
- 自立課題は慣れてくると楽しめるようになってくることが多い。
- 自立課題は，すごく好きというわけではないけど自分でできるレベルのものが望ましい。

20 自分に合ったメモの取り方を知ろう

指導形態 時間における指導
こんな子に 書字に苦手さがあり，忘れ物をよくする。
ねらい 体験を通して自分に合ったメモの取り方を知ることができる。

スライド画面例

指示文の例
テープとはさみ、赤いマジックを取ってくる
図書室にある〇〇の第4巻をもってくる
〇〇市の今日の気温を調べる
〇月〇日のこんだてを黒板に書く

準備

- メモの取り方やメモの必要性を説明したスライド
- 指示文
- メモを取るためのタブレット端末，付箋紙，筆記用具等
- プリント教材
- 対象児が，短文を読むことができ内容を理解できるかを把握しておく。

指導の流れ

❶ メモを取ることの必要性を知る

- スライドでメモを取らないと忘れ物をしてしまうことや，後で思い出せることなどを説明する。
- メモの取り方には，付箋紙やタブレット端末やスマホを使用したいろいろな方法があることを説明する。

❷ いろいろなメモの取り方を体験する

- テレビ画面に指示文を提示し読み上げる。
- 「付箋紙に書く」「文字入力」「音声入力」「写真に撮る」「手に書く」を実際にやってみる（一単位時間に一つ）。
- それぞれのメモの取り方のメリットやデメリットを伝える。

❸ メモを取った指示を実行する

- 各方法でメモを取った後，時間を空けるために簡単なプリント課題を行う。
- タイマーをセットしておき，アラーム音が鳴ったらメモを見返して指示されたことを実行する。
- どのメモの取り方がやりやすかったか，自分に合っていたかを尋ねる（一通りのメモの取り方を体験した後）。

ポイント

- メモを取るときには指示文をすべて書き写すのではなく，要点だけを書くことができるよう，穴あきシートを用意するとよい。
- 各自のやりやすいメモの取り方が分かったら，日常生活で利用できるようメモをする機会を設ける。例）次の日の持ち物，係の仕事　等

2-(3)障害による学習上又は生活上の困難を改善・克服する意欲

関連項目3-(3)，6-(5)

㉑ チャレンジ日記でやる気UP

指導形態 各教科等を合わせた指導／時間における指導

こんな子に 成功体験が少なく何をするにも自信がもてない。

ねらい 取り組んだ課題を記録し教師や友達に報告して自信を高める。

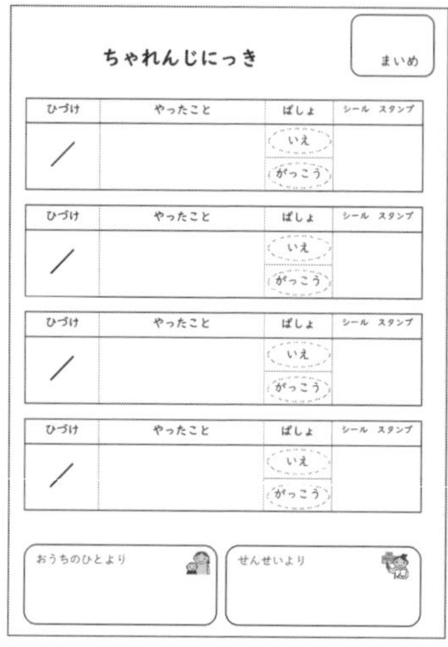

ちゃれんじにっき

まいめ

ひづけ	やったこと	ばしょ	シール スタンプ
／		いえ がっこう	

ひづけ	やったこと	ばしょ	シール スタンプ
／		いえ がっこう	

ひづけ	やったこと	ばしょ	シール スタンプ
／		いえ がっこう	

ひづけ	やったこと	ばしょ	シール スタンプ
／		いえ がっこう	

おうちのひとより

せんせいより

チャレンジ日記の用紙

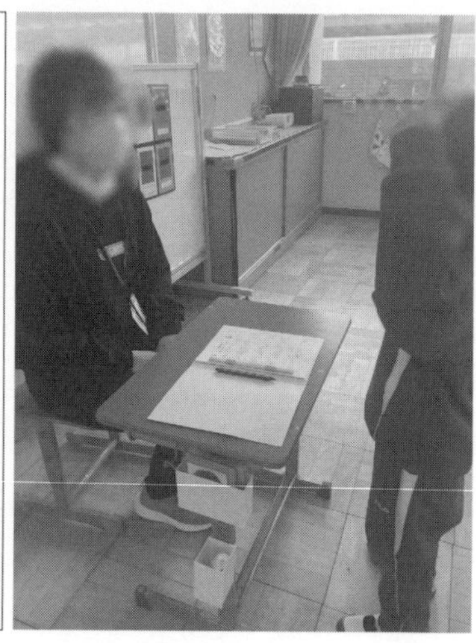
チャレンジ日記で報告する様子

準備

- Ｂ５ファイル　● DL チャレンジ日記の用紙　● シール，スタンプ等
- チャレンジ課題（運動，手伝い，余暇に関する活動）
（参照：アイデア❽，❾，❿等）
- 事前に保護者や本人と取り組む課題を話し合っておく。
- シールやスタンプが貯まったときのごほうび活動をクラス全体で決めておくとよい。例）遊具に遊びに行く　等

指導の流れ

❶ チャレンジ日記の付け方を知る

- チャレンジ課題が終わったら，個に応じた方法で課題内容を記録する。
- 最初は，教師が記録の手本を示し，課題終了後すぐに称賛する。
  例)「○○よくがんばったね」と言ってスタンプを押す。

❷ チャレンジ日記を教師に持っていき報告する

- 慣れてきたらチャレンジ課題終了後，自分でチャレンジ日記を教師に持っていくことを促す。
  ※報告する場所（机）を決めておくと分かりやすい。
- 報告するときは，「○○がんばりました」と，言葉やジェスチャー等，個に応じた方法で伝えることを練習する。

❸ チャレンジ課題の様子を友達に紹介する

- シールやスタンプが貯まったら，朝の会や帰りの会等の機会を使って，友達に向けて発表する。
  ※チャレンジ課題の様子を動画に撮って発表時に見せると分かりやすい。
- 聞き手の子どもには，「がんばったね」と励ましたり，拍手をしたりして称賛することを促す。

ポイント

- 最初は簡単なチャレンジ課題から始めて，チャレンジ日記で褒められることを体験できるようにする。
- 学校と家庭で連携して行うことで子どもの自信がさらに高まる。

【参考文献】 武藏博文・高畑庄蔵著（2006)『発達障害のある子とお母さん・先生のための　思いっきり支援ツール』エンパワメント研究所

3-(1)他者とのかかわりの基礎

関連項目5-(3)

㉒ わにわにゲームで遊ぼう

指導形態 時間における指導

こんな子に 相手意識をもつことや目と手の協応動作が苦手。

ねらい 相手の動きに合わせてハンマーやわにを操作する。

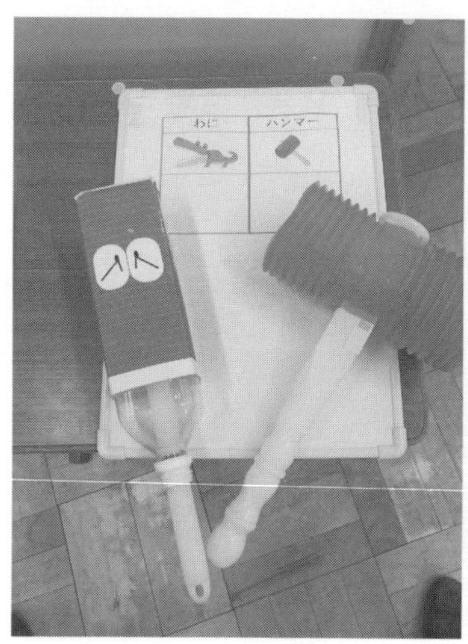

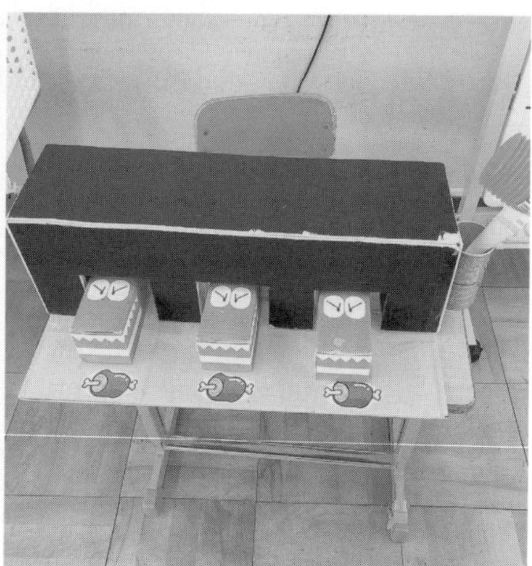

わにわにゲーム

準備

- DL わにの画像（わにわにゲーム）
- わに（ペットボトルに柄杓の柄を付けて，画像を印刷して貼る）
- ピコピコハンマー
- ゲーム台（段ボール等で作成）
- BGM（1分程度の長さのもの）
- 顔写真カード（順番や対戦したい相手を伝えるため）

指導の流れ

❶ 教師が操作する「わに」を叩く

- 最初は教師がわにをゆっくりとしたスピードで操作して，ハンマーで叩く練習をする。
- 「出てくるよ」等と声を掛けながら，わにを穴から出すことで相手の動きに注目できるようにする。
- ハンマーでわにを叩く動きに慣れてきたら，スピードを上げたり２匹同時に動かしたりして難易度を高める。

❷ 子どもが「わに」を操作する

- 教師がやっていたわにの操作を子どもに任せる。
- わに役の子どもには「いくよ」「出てくるよ」等の声掛けを促す。
- 相手に応じてわにのスピードや動きを変えるよう促す。

❸ 対戦相手を選んだり，道具を受け渡したりする

- 顔写真カードを並べて，遊ぶ順番を示す。
- 次の順番の友達の名前を呼んでハンマーを渡す。
  例）「○○さん，どうぞ」
- 顔写真カードを使って対戦相手を選ぶ。
  例）「○○さんと，遊びたいです」

ポイント

- BGM を使用すると雰囲気を高められ，活動の終わりが分かりやすくなる。
- 最初はわにに注目することを目標にし，徐々にわにを動かしている相手に注目できるようにすることが他者意識を育てるポイントである。

関連項目5-(3)

23 よく見て一緒にボールを落とそう

指導形態 時間における指導

こんな子に 相手意識をもつことや目と手の協応動作が苦手。

ねらい 相手と動きを合わせて箱を操作してボールを落とす。

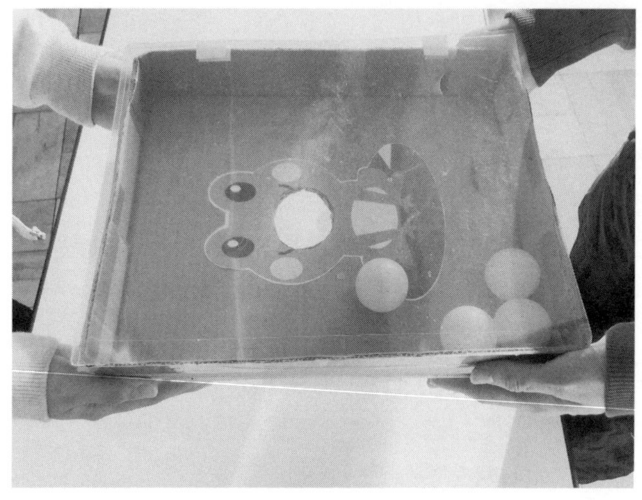

ボール落としゲーム

準備

- ボール落としゲーム（材料は下記）　• BGM（1分程度の長さのもの）
- 段ボール箱　• イラスト　• ピンポン球　• かご　• マジックテープ
- 段ボール箱に動物のイラストを貼り，口の部分にピンポン球が入る穴をあける。
- 段ボール箱の底にかごを付けておきピンポン球が散らからないようにする。
- ピンポン球を直接触ってしまう子どもがいる場合は透明シートをかぶせる。

指導の流れ

❶ ボール落としゲームのポイントを知る

- 手本動画を見せてゲームのやり方を説明する。
- ボールを早く落とすためには，ボールの動きをよく見て箱を傾けることをポイントとして知らせる。

※ポイントを考えることができそうな子どもには，どうすればボールを早く落とせるかを考えさせる。

❷ 一人でボール落としゲームをする

- 子どもの実態に応じてボールの数を調整する。
- ボールを落とすための箱の動かし方が分かりにくい子どもには，手を添えて操作を補助する。

❸ ペアでボール落としゲームをする

- 最初は教師と行い，相手が箱を傾ける動きを感じられるようにする。
- 相手と動きを合わせる感覚を味わえるように，「ゆっくり」「そーっと」等の声掛けをしながら箱を動かす。
- 相手と動きを合わせるための声掛けや相手に合わせられている場面を捉えて称賛する。

ポイント

- 集中時間が短い子どもには，ボールの個数を多くして，偶然，穴に落ちる回数を増やすとやる気を引き出しやすい。
- 箱を乱雑に傾けて穴に落とそうとする子どもには，手を添えて「そーっと」等の声掛けをしながら，箱の傾きとボールの動きの関係を感じられるようにする。

関連項目6-(1)

24 動きを合わせてボールを運ぼう

指導形態 時間における指導

こんな子に 相手を意識して行動することが難しい。

ねらい 相手と動きを合わせてボールを運ぶことができる。

準備

- 柄杓2つ

  ※片方の柄杓に切り込みを入れて重ね合わせる（写真○のところ）。

- 長机　・ボール　・かご
- 事前に手本動画を撮っておく（動きを合わせるための「せえの」の掛け声や悪い例など，強調してモデルを示す）。

指導の流れ

❶ 活動のめあてを確認する

- 指導者が手本を示したり手本動画を見せたりして活動のやり方を伝える。
- ボールを運んだり，かごに入れたりするときには，相手を見て「せえの」と声を掛け合うと成功しやすいことをポイントとして説明する。

❷ 指導者とボール運びをする

- 最初は指導者が相手となり子どもの動きやペースに合わせてボール運びをすることで，成功体験を積めるようにする。
- 活動に慣れてきたら友達とペアになって取り組む。
- 長机をはさんで行うことで，相手との距離感をはかりやすくする。
- ボールだけでなく，相手の方を見たり，動きを合わせるために声掛けしたりすることを促す。

❸ 動画を見て評価する

- ボール運びの様子を動画に撮っておき，授業の最後に視聴する。
- 相手を見たり，「せえの」と声を掛けたりしている場面を称賛する。
- 次時に向けてさらに早くボールを運ぶためのポイントを考える。

ポイント

- かごの中のボールがなくなったら終わりであることを伝える。
- 活動に慣れてきたら，柄杓から布に変えて運んだり，人数を増やしたりして難易度を高める。
- 日常生活や体育などで友達と物を運ぶ場面を設定し，動きを合わせるための声掛けを活用できるようにする。

関連項目6-(5)

個別　集団

25 相手の気持ちを考えてみよう

指導形態 時間における指導

こんな子に 相手の言葉を字義通りに受け止めたり，意図を読み間違えたりする。

ねらい 相手の言葉から考えていることを推測しかかわり方を学ぶ。

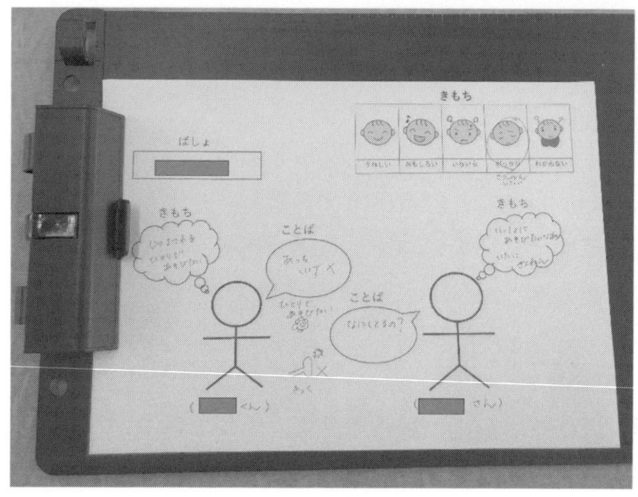

会話シート例

準備

- DL 会話シート（コミック会話を参考に作成）
- 筆記用具　● バインダー
- 対象児の対人的なトラブル場面を事前に把握しておく。
- 実際に経験したトラブル場面を思い出すのを嫌がる子どもの場合や集団指導で行う場合は，架空の場面を設定する。

指導の流れ

❶ 会話シートの使い方を知る

- 最初は，会話を楽しめるように，食事や天気などの話題から始める。
  例）教師「朝，何食べた？」 子ども「パン」「おいしかった」
  ※子どもが筆記できそうな場合や話すのが苦手な場合は書いてもらう。
- 気持ちを表現することが難しい子どもには，感情イラストを用意して選択できるようにする。

❷ トラブル場面での自分の気持ちや相手の気持ちを考える

- 子どもや相手の言動を聞き取りながら会話シートに書く。
  ※言葉は吹き出しに，動きは簡単なイラストでかく。
- そのときの子どもの気持ちを尋ねて，気持ちの吹き出しに書く。
- 相手の気持ちを想像してもらう。思い浮かばない場合や不適切な場合は，「○○だったと思うよ」と具体的に書いて説明する。
  例）子ども：ことば「あっちいけ」（キックをする）
  　　　　　　きもち「おもちゃを取られる，イライラ」
  　　相　手：ことば「かして」 きもち「一緒に遊びたい，蹴られて痛い」

❸ 解決策を考える

- 今後の解決策を一緒に考えてロールプレイで練習する。

ポイント

- 子どもの気持ちに共感しながら，相手の気持ちにも気付けるよう支援することで，会話シートを自分から使いたいと思えるようにする。

【参考文献】 キャロル・グレイ著，門眞一郎訳（2005）『コミック会話　自閉症など発達障害のある子どものためのコミュニケーション支援法』明石書店

関連項目6-(2)

26 この顔はどんな気持ち？

指導形態 時間における指導

こんな子に 相手の表情から相手の感情を読み取ることが苦手。

ねらい 感情を表情で表したり，相手の表情を理解したりする。

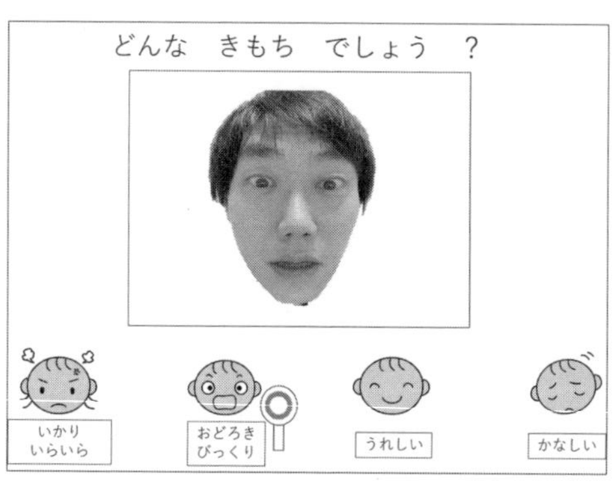

スライド例

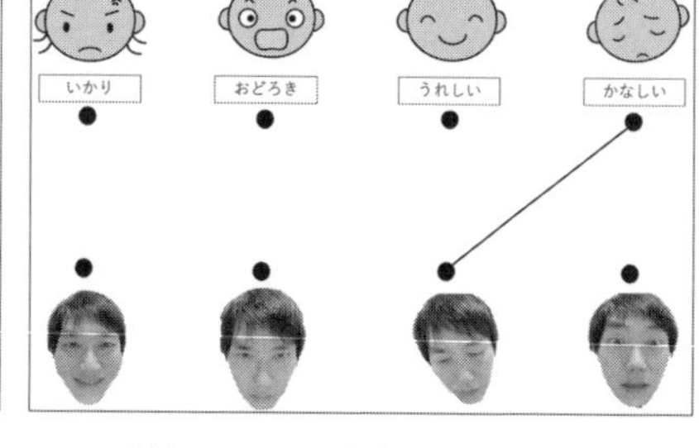

感情マッチング（ワークシート）

準備

- 基本的な感情と表情を知るためのスライド
- 感情マッチング（ワークシート）

  ※上図の例を参考に作成する。
- 鏡
- 子どもが理解しやすい基本的な感情（喜び，悲しみ，驚き，恐怖，嫌悪，怒り）を中心に取り上げる。

指導の流れ

❶ 基本的な感情を表す表情を知る

- 人にはいろいろな気持ちがあることをスライドで説明する。
- 基本的な感情を表す表情イラストをスライドに映して，表情に合う感情の言葉を教える。
- 子どもにスライドと同じ表情をさせたり，どんなときにこの表情になるかを尋ねたりする。
- 鏡を使って自分の表情が，スライドの表情と合っているかを確かめる。

❷ 表情クイズをする

- 出題者の生徒には，事前に出題する感情を選ばせ，「3，2，1」の合図で表情を変化させるよう促す。
  ※できるだけ声は出さないで出題するよう促す。
- 言葉で感情を答えることが難しい場合は，ホワイトボードに記入させたり選択肢カードを用意したりして答えやすくする。

❸ 感情マッチング（ワークシート）で復習をする

- 表情と感情の言葉をマッチングする課題を用意する。
- 書字，線結び，カード式等，個の実態に応じた方法で答えられるワークシートを用意する。

ポイント

- 感情に関する子どものつぶやきや発言を拾い，実体験とつなげて説明すると理解しやすくなる。

関連項目4-(5)，6-(5)

㉗ 自分で課題に取り組もう

～ワークシステム～

指導形態 時間における指導

こんな子に 失敗経験が多く自分から課題に取り組むことが苦手。

ねらい 自分で課題の準備から片付けまでを実行することができる。

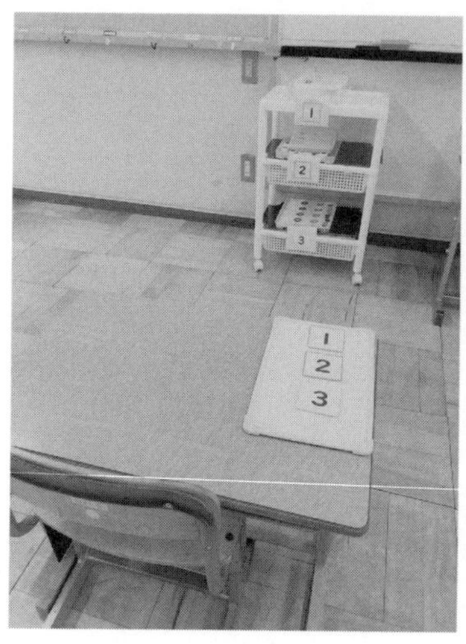

ワークシステム例

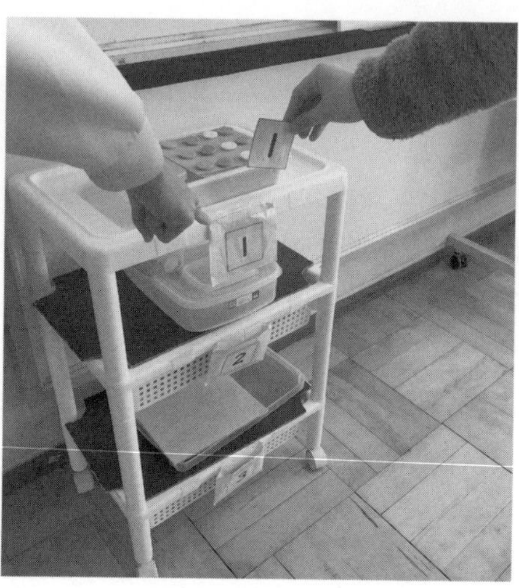

使い方を教えている様子

準備

- 棚　• かご　• 数字カード　• 封筒　• ホワイトボード　• 板磁石

※ワークシステムは以下のように個々の理解力に応じて作成する。

- 数字カードの裏に板磁石を貼ってホワイトボードに並べる。
- 数字カードをマッチングして入れられるように，棚に数字付きの封筒を貼る。
- 課題は一人でできるもの（自立課題）を用意する。

指導の流れ

❶ ワークシステムの使い方を学ぶ

- ホワイトボードを見せて，これからする課題の量を説明する。
- ホワイトボードに貼られた一番上の数字カードを取り，マッチングさせて封筒に入れ課題が入ったかごを取ってくることを教える。
- 一つの課題が終わったらかごを棚に戻して，次の課題を準備することを教える。

❷ 一人でワークシステムを使って課題をする

- 声掛けや指さし等の手助けを徐々に減らしていき，一人で取り組めるようにする。
- 教師がそばにいなくても取り組めるようにするため，子どもとの距離を徐々に離していく。

❸ すべての課題を終えたら報告する

- 課題が終わったら教師のところに行き「できました」等の報告をすることを促す。
- 報告に対して，課題ができたことだけでなく，自分で準備から最後までできたことを称賛し自信がもてるようにする。

ポイント

- 課題は教師と一対一の指導でできるようになったものを使用する。
- 同じ課題（教材）が続くと飽きてしまうので，課題のレパートリーを用意し適宜変更する。

【参考文献】 諏訪利明監修，林大輔著（2019）『TEACCH プログラムに基づく　自閉症児・者のための自立課題アイデア集』中央法規

関連項目4-(5)

28 忘れ物を減らす工夫を考えよう

指導形態 時間における指導（通級指導教室）

こんな子に 衝動性が高く，目的に沿って行動を調整することが苦手。

ねらい 忘れ物をしないための自分なりの工夫を考えることができる。

「わすれものをへらす工夫」

人は、忘れ物をすることがあります。

忘れものをしないための工夫がいくつかあります。

朝早くおきると、準備にあわてなくてもよいので安心です。

朝おそくおきると、準備にあわててしまい忘れ物をしやすいです。

前日に準備しておくのもよい工夫です。

次の日にもっていくものを考えてメモしておくと、準備が早くできます。

ほかにはどのような工夫がありますか？

ワークシート例

忘れ物をへらそう

できたら✓マークをかく

	忘れ物がなかったか？	メモをつかったか？
／		
／		
／		
／		
／		
先生より		

記録用紙

準備

- DL スライド，ワークシート
- DL 記録用紙（その日に忘れ物がなかったかを振り返る）
- 罫線付き付箋紙
- 事前に，本人，保護者に忘れ物の状況を聞き取り，実態把握をする。
- 実態把握をもとに家庭で取り組めそうな忘れ物を減らす工夫を提案する。

指導の流れ

❶ 忘れ物を少なくするための工夫例を知る

- スライドを使って，忘れ物をしやすい習慣（朝遅く起きること）や忘れ物を少なくするための工夫例（前日に準備しておく，メモを使う等）を説明し，自分で取り組めそうな内容を一緒に考える。
- 工夫例（前日に準備しておく，メモを使う）のよさを考える。
- ワークシートを使い，工夫するとどうして忘れ物が少なくなるのかを考える。
  前日に準備しておく⇒「朝起きてあわてない」
  メモを使う⇒「忘れない，思い出せる」 等

❷ 付箋紙に次の日の持ち物を書く

- 次の日の持ち物やすることを付箋紙に書くよう促す。
- 後でメモを見返しやすいように罫線付きの付箋紙を使用する。
- メモを具体的に書きすぎて文量が多くなる場合は，要点をまとめたり，省略記号を用いたりすることを助言する。
  例）国語，社会…と羅列する場合は，「教科書」とまとめる。
- メモした付箋紙を貼る場所を一緒に考える。

❸ 忘れ物がなかったかを振り返る

- 記録用紙に忘れ物がなかったかをチェックしてくることを宿題にし，次の授業開始時に振り返りをする。

ポイント

- 付箋紙を使ってメモを取ることが習慣化できるよう保護者や担任教師に協力を得ておく。

関連項目４-(5)

29 順番に遊ぼう

～順番ボード～

指導形態 時間における指導

こんな子に 周囲と折り合いを付けて集団活動に参加することが苦手。

ねらい 集団に参加するための基本的なルールを理解できる。

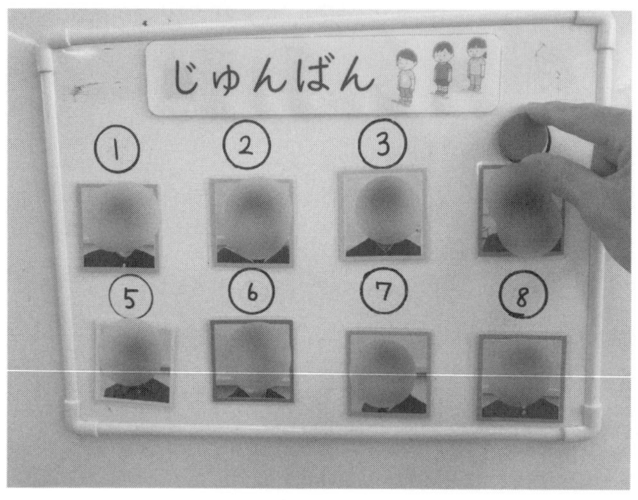

順番ボード

準備

- 順番ボード（材料は下記）
- 子どもの顔写真カード（裏面に板磁石を貼る）
- ホワイトボード（Ａ３サイズ）
- マグネット（誰の順番かを示すため）
- ホワイトボードに数字と顔写真カードを貼るための枠を書いておく。
- マグネットを移動させることで順番を視覚的に分かるようにする。

指導の流れ

❶ 順番ボードで自分の順番を知る

- 自己紹介やゲーム活動等の順番に行う活動を設定する。
- 順番ボードに顔写真カードを貼りながら，順番を知らせる。
- 順番がきた子どもの数字の上にマグネットを貼る。

※活動が終わったら子どもの顔写真カードを外していくと分かりやすい。

❷ 子どもが順番ボードを操作する

- 教師の指示で順番に活動に取り組めるようになったら，子どもが順番ボードを操作することを教える。
- 自分の順番が終わったら，マグネットを次の友達の数字の上に移動させて，名前を呼ぶことを促す。例）「○○さん，どうぞ」

※発語が苦手な子どもには，事前に録音した音声をボタン操作で表出できる VOCA やタブレット端末のアプリを使用してもよい。

❸ 子ども同士で順番を決める

- ゲーム活動等で順番を決めるときに，順番ボードを使用して子ども同士で順番を決めることを促す。
- 希望する順番の枠に顔写真カードを貼るように促し，競合する場は話し合いやジャンケン等の解決方法を助言する。

ポイント

- 順番ボードをいろいろな授業，活動で使用することで集団参加のためのルールを定着させる。
- 休み時間に玩具を共有する場合にも順番ボードを活用する。

関連項目6-(1)

㉚ かわりばんこで遊ぼう

指導形態 時間における指導

こんな子に 一人遊びが多く相手を意識することが苦手。

ねらい 交代で遊ぶことで他者意識を育む。

じゅんばんカードを相手の方にめくって遊び道具を渡す

子どもの顔写真

「かわりばんこ」ツール

積み木つみゲームで遊ぶ様子

準備

- 「かわりばんこ」ツール（材料は下記）
- ホワイトボード　・マジックテープ　・厚紙（フラットファイル）
- 印刷した用紙を厚紙に貼り，ホワイトボードに固定する。
- 空白部分には子どもや教師の顔写真カードをマジックテープで貼る。
- 交代で行う遊び（積み木つみ等）を用意する。

指導の流れ

❶ 教師と交代しながら遊ぶ

- 交代するときに「かわりばんこ」ツールを使う。
  例）積み木つみゲーム
- 「かわりばんこ」ツールの子どもの顔写真カードを指さして「○○さん，どうぞ」と言いながら積み木の入った容器を渡す。
- 子どもが積み木をつみ終わったら，「かわりばんこ」ツールをめくることを手助けして，積み木の入った容器を子どもから受け取る。
- 子どもから積み木の入った容器を受け取るときには，「どうぞ」とやりとりの言葉を言って模倣を促す。
- 容器の中の積み木がなくなるまで繰り返し，交代しながら遊べたことを称賛する。

❷ 子ども同士で交代しながら遊ぶ

- 教師と交代できるようになったら，子ども同士で遊ぶ場面を設定する。
- 教師と遊ぶときと同様に，「かわりばんこ」ツールの使い方や「○○さん，どうぞ」のやりとりを教えながら遊ぶ。

❸「かわりばんこ」ツールなしで交代しながら遊ぶ

- 子ども同士で交代しながら遊ぶことに慣れたら，「かわりばんこ」ツールを外してみる。
- ツールがなくなると交代できなくなる場合は，もう一度使用して遊ぶ。

ポイント

- 待ち時間が短い遊びから始めると成功体験を積み重ねやすい。

関連項目6-(1)

31 触って形を当てよう

指導形態 時間における指導

こんな子に 注意の持続が短く集中することが苦手。

ねらい 手の触覚に注意を向けて形を捉えることができる。

「触って感じるカタチのゲーム」(製作:ベルダック社,販売:ボーネルンド社)

準備

- 上記,市販教材の中の8種類の形ピースとイラストカード,凸凹ピースを使用する。
- 事前に形の名前を答えられるか,イラストカードを見て形ピースを取ることができるかを把握しておく。
- 白紙の用紙(B5サイズ)
- 個々の興味関心に応じて食べ物のミニチュアや数字の積み木等を代用する。

指導の流れ

❶ 指示された形を手探りで当てる

- 最初に教師が手本を示す。目を使わず手探りだけで当てることを強調する。
- 袋の中に８種類の形ピースを入れて「○○取って」と指示する。
- 袋から取り出した形ピースは正誤を確認して袋に戻す。
- 口頭での指示理解が難しい場合は，イラストカードを見せて指示する。
- 袋の中を見ようとする子どもには，袋の口を押さえて手探りだけで取ることを促す。
- 手探りで当てるのが難しい子どもには形ピースを減らして実施する。
- 慣れてきたら子ども同士で順番に行う。

❷ 型はめ遊びをする

- 形の輪郭を捉えるために，８種類の形ピースと凸凹ピースを使って型はめをする。

❸ 形ピースを鉛筆でなぞる

- 白紙の用紙に形ピースを置いて，その輪郭を鉛筆でなぞる。
- 形ピースを押さえながらなぞることが難しい場合は，最初は教師が形ピースを押さえて補助する。

ポイント

- 手探りで当てる時間を計測して，指導初期と後期で比較することで評価に活用する。
- 目をつむったり，アイマスクをしたりして取り組んでもおもしろい。

関連項目5-(3)

㉜ 力を調節して運ぼう

指導形態 時間における指導

こんな子に 力加減を調節することが難しく物を乱雑に扱う。

ねらい 力を調節して物を押して運ぶことができる。

力いっぱい押す

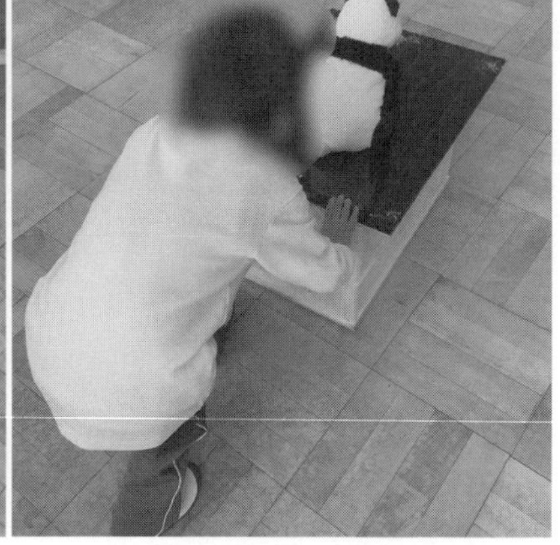

人形を倒さないように押す

準備

- 収納ボックス
- おもり用のペットボトル（水を入れておく） 4本程度
- 人形（ぬいぐるみ等）
- 三角コーン
- 足型シート

指導の流れ

❶ 力いっぱい押して運ぶ

- 重い収納ボックスを力いっぱい押して運ぶ手本を見せる。
- スタート地点に足型シートを敷いておき，「スタート」の合図で押すことを教示する。
- ゴール地点には三角コーンを置いておく。
- 個の実態に合わせてペットボトルの本数を調節して行う。
- 慣れてきたら直線コースだけでなく，円形コース等を設定して実施する。

❷ 力を調節して押す

- 収納ボックスの中のペットボトルを取り除き，ふたをして人形を置く。
- 人形が倒れないよう押して運ぶことを，手本を見せながら教示する。
- 力加減が難しい子どもには，背後から手を添えてゆっくり押す感覚を体感できるようにする。
- 「そーっと」「ゆっくり」等の言葉掛けをして，力を調節することを促す。
- 慣れてきたら徐々に距離を伸ばしていく。

❸ 収納ボックス以外のもので実施する

- お盆に人形やコップをのせて運ぶなどの課題を設定する。

ポイント

- まずは力いっぱい押す感覚をしっかりと体験した後，軽いものを調節しながら押す（運ぶ）ことで，力加減が意識しやすくなる。
- 速く運ぶのがよいのではなく，人形を倒さずに運べたことを称賛し価値付けるようにする。

関連項目 1-(4)

33 散髪練習をやってみよう

指導形態 時間における指導

こんな子に 触覚に過敏さがあり髪の毛を切ることが苦手。

ねらい 頭や耳，首回り等の触刺激に慣れ散髪への心構えができる。

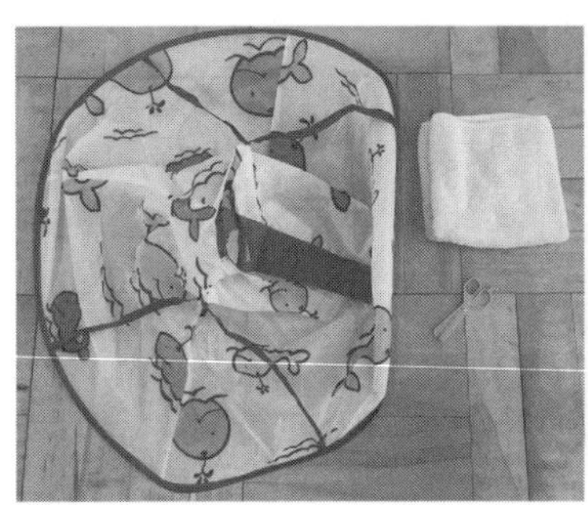

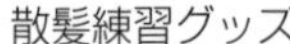

散髪練習グッズ

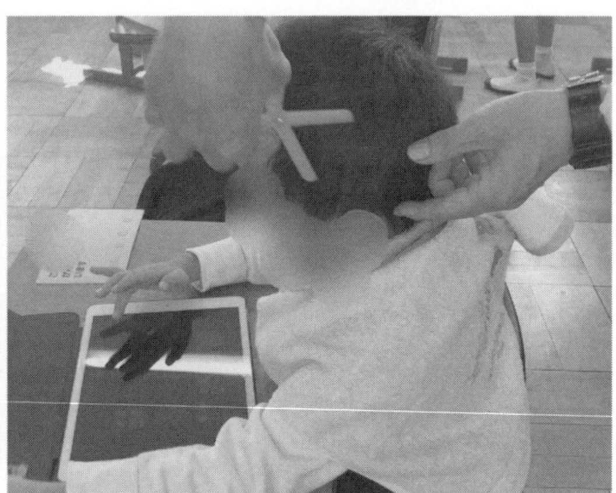

練習の様子

準備

- 散髪練習グッズ（ケープ，タオル，くし，玩具のはさみ）
- 対象児が好きなもの（iPad の動画等）
- 散髪に関する絵本（さく・あかまつりゅうじ，え・ただふみひこ『ピースマンのまほうのハサミ』電気書院）
- 家庭での散髪の様子や過敏さが強い部分について聞き取り，家庭の状況に合わせた練習環境を設定する。

指導の流れ

❶ 散髪に関する絵本を読み聞かせする

- 散髪グッズを見せながら読み聞かせすることで見通しをもてるようにする。
- 絵本の理解が難しい場合は，YouTube 等の動画を利用する。

❷ 首にタオルやケープを巻く練習をする

- iPad 等で子どもに好きな動画を見せている間に，首にタオルを巻くようにする。
- 最初は 1 秒ぐらいから始め，徐々に時間を延ばしていく。
- 少しでも首にタオルを巻くことができたら大いに称賛する。
- 子どもが自分でタオルを払いのける前に教師が外すようにする。

❸ くしで髪をとく，玩具のはさみで髪を切る練習をする

- タオルを自分で払いのけず，巻ける時間が延びてきたら始める。
- タオルを巻く練習と同様に，好きな動画を見せながら行う。
- 過敏さが少ないところから始め，範囲を広げていく。
  例）頭頂部から耳周りへ

ポイント

- 好きな活動（iPad 等）とペアリングすることで，過敏さを軽減させる。
- 空いた時間を利用して，くすぐり遊び等のスキンシップを行い，意識的に髪の毛や耳周りを繰り返し触っておくことが大切である。
- 練習の様子を動画で保護者に伝えて実際の散髪につなげるようにする。

【参考ホームページ】
そらいろプロジェクト京都「スマイルカット」（https://www.sora-pro.jp/action/smilecut.html）

㉞ サーキット運動でボディイメージUP

指導形態 時間における指導

こんな子に 物や人にぶつかりやすく体に対する意識が十分でない。

ねらい 姿勢を変えて移動する運動を通してボディイメージを養う。

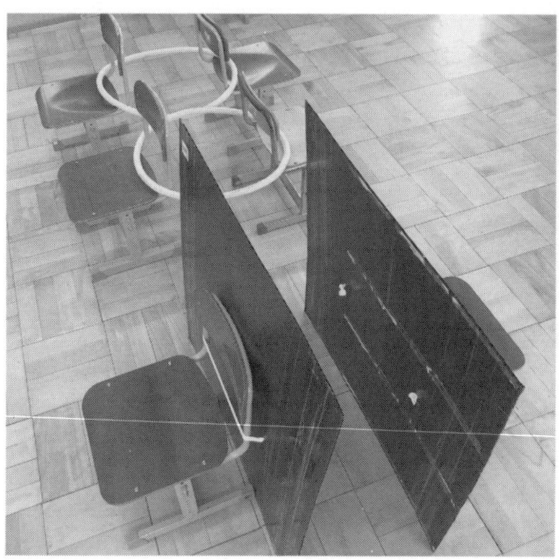

サーキットコース例

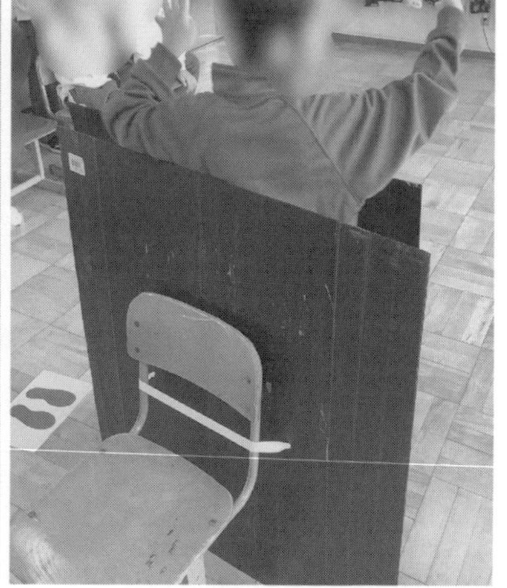

サーキットの様子

準備

- 机，椅子　・フープ
- 段ボール（ゴム紐で椅子に固定できるようにする）
- 足型シート　・三角コーン　・BGM
- 手本動画（教師が事前にサーキットをやっている場面を撮影しておく）

指導の流れ

❶ サーキットコースのまわり方を知る

- サーキットの内容は「フープまたぎ」「机くぐり」「横歩き」等。
- 手本動画を見せたり，実際に教師が手本を示したりして，サーキットコースのまわり方や運動のポイントを知らせる。
- フープや段ボールにできるだけ当たらないようにすることをポイントとして伝える。

❷ 順番にサーキットを行う

- スタート地点には足型シート，ゴール地点には三角コーンを設置する。
- BGM を流してスタートの合図をする。
- 子どもがサーキットに取り組んでいるときには，「そーっと」「あたま」「よこ」「てをあげて」等，動きや体の部位の言葉を使い，体の部位を意識できるようにする。
- ゴールすることに焦ってしまう子どもには，体を補助してゆっくり動くことを意識できるようにする。
- ゴールできたら拍手と言葉で称賛する。

❸ 動画で振り返り評価をする

- 体の部位や向きに気を付けているところを取り上げて具体的に評価する。例）「フープに当たらないように足をそーっと上げているね」

ポイント

- 手本を示すときには，大げさにゆっくりとした動きにすることで体の部位に注目できるようにする。

関連項目5-(3)

35 粘土を使って平仮名を作ろう

～多感覚を使った文字学習～

指導形態 時間における指導

こんな子に 文字の形を捉えることが苦手で形が崩れやすい。

ねらい 粘土やモールを使って文字の形に注目することができる。

ワークシート例

準備

- DL ワークシート（印刷したものにラミネートする）
- 粘土（紐状にしておく）
- モール
- マーカー

指導の流れ

❶ 指を使って白抜き文字をなぞる

- 「つ」「し」等，一筆で書けてかつ，曲線のある平仮名から始める。
- 始点が分かりにくい場合は，指さしたり印を付けたりする。
- 最初は手を軽く添えて一緒になぞり，運筆の感覚をつかみやすくする。

❷ 粘土やモールで文字の形を作る

- 曲線部分や斜線部分を意識できるよう，「くるっ」「ななめ」等，形をイメージしやすい言葉掛けをする。
- 文字の形にするのが難しい場合は，あらかじめ紐状に粘土を作っておき，白抜き文字の中に当てはめるよう促す。
- 紐状の粘土やモールは，文字の画数分だけ提示する。

❸ マーカーで文字を書く

- 粘土やモールで文字の形を作った後，マーカーで書く機会を設ける。
- 「くるっ」「ななめ」等，粘土やモールで文字の形を作ったときに使用した言葉を使って文字の形をイメージしやすくする。
- 最初は手を添えて，徐々に補助の力を緩めていくことで達成感を味わいやすくする。

ポイント

- 文字の形をイメージすることや，力加減を微調整すること，文字のパーツの位置関係を捉えること等，個々の苦手さを把握することが大切である。
- 文字を書くことに苦手さがある場合，書く練習に終始せず，触感覚を利用する機会を多く取り入れる。

関連項目5-(3)

36 棒を使って形を作ろう

指導形態 時間における指導

こんな子に 斜線のある字形を捉えたり模写したりすることが苦手。

ね ら い 棒を使って斜線を含む形を捉えることができる。

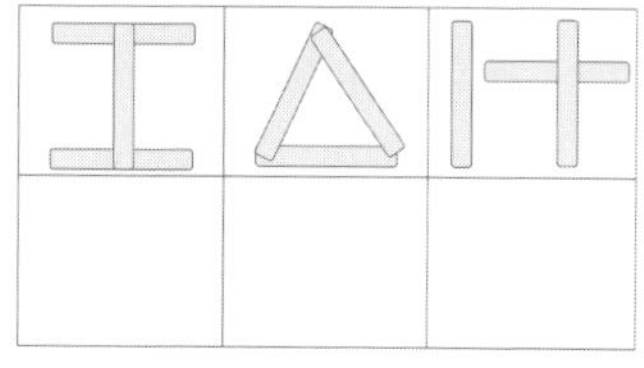

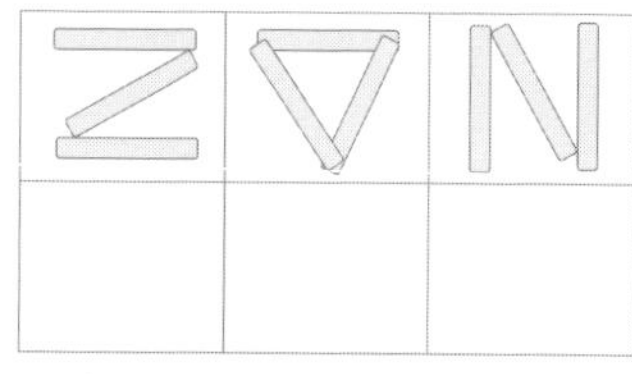

ワークシート例

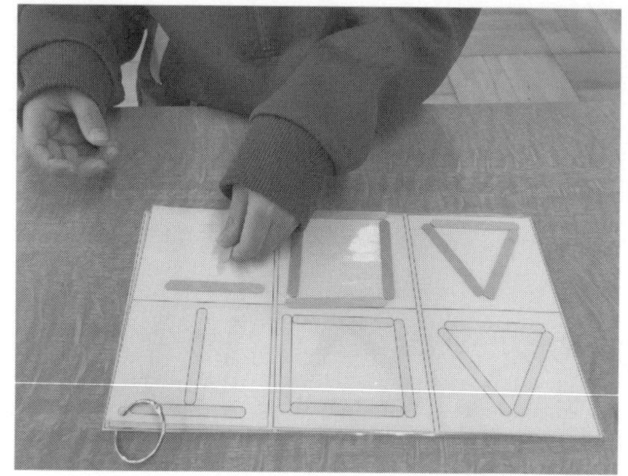

活動の様子

準備

- DL ワークシート

  ※ワークシートは印刷してラミネートする。

- 棒（木製のマドラーを使用：100円ショップ）
- ボードマーカー

指導の流れ

❶ イラスト見本の上に棒を合わせて形を作る

- まずはイラスト見本の上に直接，棒を置いて形を捉える練習から始める。
- 「たて」「よこ」「ななめ」等，向きを表す言葉を添えることで，線の向きを意識できるようにする。

❷ イラスト見本を見て形を作る

- 斜線の向きが反対になる場合は，再度イラスト見本に棒を置かせてから，下の枠にスライドさせるようにする。
- 最初は，最後の１本の棒を置くところから始めて，徐々に本数を増やしていく。
- 難しい場合は，イラスト見本と棒に色を付けたり，棒の端に点を付けたりして分かりやすくする。
- イラスト見本に慣れてきたら，教師がその場で棒を使って見本の形を作り，真似をするよう促す。

❸ マーカーで形を書く

- イラスト見本を見て同じ形をマーカーで書くよう促す。
- 難しい場合は，棒を１本ずつ置いて一つずつ線を書くようにする。

ポイント

- できるだけ苦手意識をもたせないように，スモールステップで行う。
- 棒が動きやすいと気が散りやすくなるので，棒に板磁石を貼り，ホワイトボード上で行う工夫も効果的である。

関連項目5-(3)

37 ぶつからないように書いてみよう

指導形態 時間における指導

こんな子に 目と手の協応が難しく意図した文字や形を書くのが苦手。

ねらい 目と手を協応させながら運筆することができる。

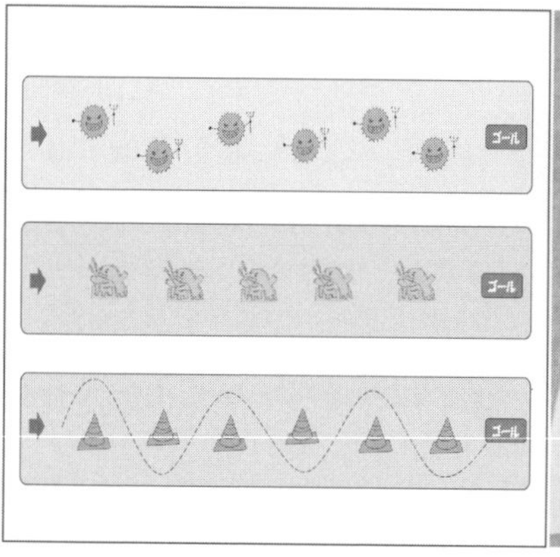

教材プリント例

活動の様子

準備

- DL 教材プリント（印刷しラミネートをしておく）
- ボードマーカー
- ホワイトボード
- マグネット

指導の流れ

❶ 手本を見せる

- 怪獣やバイキン等のイラストにぶつからないように線を書くことを説明して，手本を示す。
- 手本では，ゆっくりと運筆させ，上下に波打つ動きに注目させる。

❷ 教材プリントをする

- 最初は手を添えて運筆を補助し，徐々に手を添える力を緩めていく。
- 「上」「下」等の言葉掛けをして運筆の動きを意識できるようにする。
- イラストを意識しにくい場合は，イラスト部分にマグネットを置き，ぶつからないように動かすことを促す。
- 速く動かすことよりも，ぶつからないようにマーカーを動かすことがよいことを助言し，ゴールできたら大いに称賛する。

❸ 教材プリントの難易度を上げて行う

- イラスト同士の間隔を狭くしたり，バラバラに配置したりして難易度を高くしたプリントに挑戦する。
- 「バイキンがいっぱいいるから気を付けてね」等と言葉掛けをして，課題への意欲を高める。

ポイント

- 教材プリントをラミネートしておくことで繰り返し練習することができる。
- 教材プリントを使う以外にも，ホワイトボードにスタートとゴール地点を決めて，その間にマグネットを配置して行ってもよい。

㊳ 大きさの見当をつけて切ってみよう

指導形態 時間における指導

こんな子に 空間的な位置関係の把握や目と手の協応動作が苦手。

ねらい シール同士の間隔を捉えて等間隔に切ることができる。

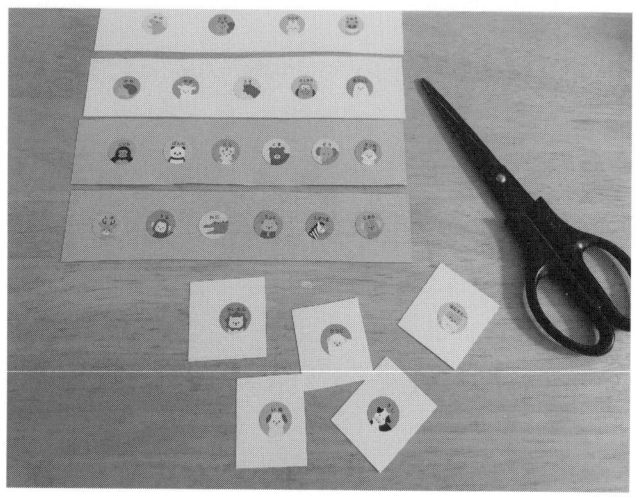

はさみ教材

準備

- 色画用紙（15㎝程度の短冊状）
- シール（等間隔に貼る）
- はさみ
- 空き箱
- はさみの正しい持ち方や一回切りができることが指導の前提である。

指導の流れ

❶ 課題のやり方を知る

- 色画用紙を等間隔に切ることを説明し手本を見せる。
  例）「シールを切らないように切りましょう」
  　　「だいたい同じ大きさになるように切りましょう」

❷ 色画用紙を等間隔に切る

- 片手で色画用紙を支えることが苦手な場合は，最初は教師が色画用紙を持つようにする。
- 大きさがバラバラになったり，シール部分を切ってしまったりする場合は，手を添えて等間隔に切ることを補助する。
- シールの周りを切ってしまう場合は，完成見本を見せて同じ大きさに切るよう促す。
- 速く切るのではなく，同じ大きさになっているかどうかを確かめながら切ることを助言する。

❸ 異なる間隔の色画用紙を切る

- シールの間隔を変えた色画用紙を用意する。
- 間隔が広くなるほど見当付けが難しくなるので，切る前に指でどのあたりを切るかを確かめるよう促す。

ポイント

- 大きさの見当付けが難しい場合は，補助線を引くようにしてもよい。
- 切った色画用紙は，作品の飾り付け等に活用することで子どもの意欲を高める。

関連項目５ -（5）

39 指示書を見て塗ってみよう

～モザイクぬりえ～

指導形態 時間における指導

こんな子に 必要な視覚情報に注目できず自分流のやり方になりやすい。

ね ら い 指示書を読み取って色塗りをすることができる。

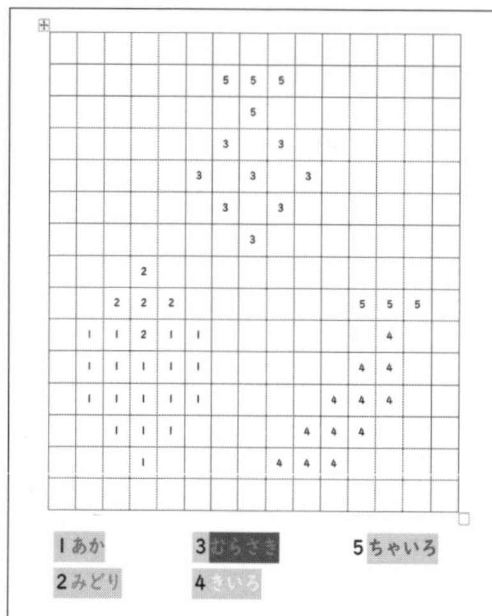

モザイクぬりえ

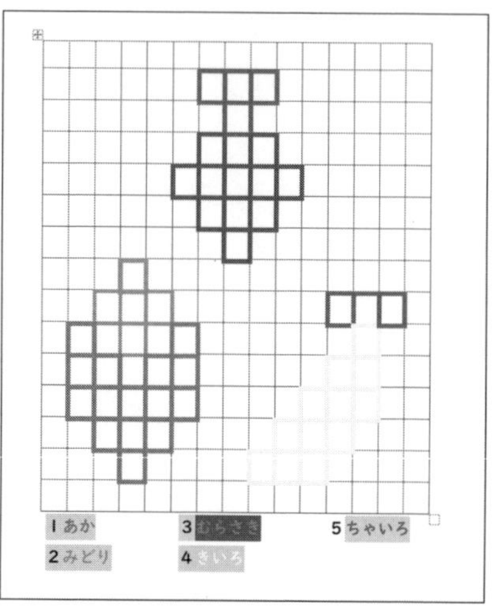

色枠ガイド付き

準備

- DL モザイクぬりえ（色枠のガイドあり，なし）
- 色鉛筆
- 色シール
- タイマー

指導の流れ

❶ モザイクぬりえのやり方を知る

- 指示書を見せながら,「1は赤色で塗りましょう」と説明して手本を示す。
- 「じゃあ, 2は何色?」と尋ねて指示書を理解しているかを確かめる。
- 指示書の理解が難しい場合は, 色枠ガイド付きのものを使用する。

❷ モザイクぬりえを完成させる

- 集団で実施する場合は, 事前にタイマーで終了時間を伝えておき, 途中で終わっても次回に続きができることを予告しておく。
- 色鉛筆の使用に苦手さがある子どもには色シールで代用する。
- 自己流で塗り始めたり, 手が止まってしまったりする子どもには, 直接的に指示するのではなく, 指示書を見ることを促し自分で手掛かりを使えるように配慮する。

❸ 完成したモザイクぬりえを発表する

- モザイクぬりえを見せながらがんばったことを発表する機会を設ける。
- 指示書をよく見て塗ったから完成できたことを伝え, 活動のプロセスをしっかりと評価し, 称賛する。
  例)「指示書をよく見たから間違えずにできたね」

ポイント

- 指示書を手掛かりにすることをねらいとしているので, 枠からはみ出して塗っていることには, あまり注意をしないようにする。
- 活動中,「指示書をよく見て塗っているね」等と声を掛け, 行動を価値付けるようにする。

関連項目６-(3)

40 お話の順番を考えよう

～お話絵カード～

指導形態 時間における指導

こんな子に 活動を順序立てて取り組むことが苦手。

ねらい 時系列に沿って話を組み立てることができる。

『100てんキッズ　お話づくり絵カード』（株式会社幻冬舎）

準備

- 市販教材（久野泰可著『100てんキッズ　お話づくり絵カード』株式会社幻冬舎）

  ※お話はカード４枚１組で構成され12のストーリーが収録されている。

- ホワイトボート（４枚の絵カードと動詞カードを貼る枠を書いておく）
- 板磁石（絵カードに対応する動詞を書いておく）

指導の流れ

❶ 絵カード（裏面）の文を聞く

- これから４枚の絵カードを使ってお話をすることを説明し，後で順番に並べることを伝える。
- 絵カードを１枚ずつ見せながら文を読み聞かせる。
- 最初は時系列に沿って文を読み，慣れてきたらランダムに読むようにする。

❷ 絵カードを順番に並べる

- ホワイトボードの枠に①から④まで順に並べるように促す。
- 「最初は」「次は」「最後は」等，時間を表す言葉を使いながら絵カードを並べることを促す。
- 順番に悩む場合は，文を読み直し前後の因果関係を説明する。
- 難しい場合は，教師が絵カードを並べた後，動詞カードを対応させるよう促す。

❸ 子ども同士でお話の順番を考える

- 集団指導の場合は，子ども同士で「話し手」「聞き手」に分かれて課題を行う機会を設ける。
- 「話し手」の役割をする子どもが文を読んだ後，「聞き手」の子どもが絵カードを並べるようにする。

ポイント

- 「話し手」の子どもが読みやすいように絵カードの裏面を拡大コピーしておくとよい。
- 課題に慣れてきたら実際場面の出来事を使ってお話をつくる。

関連項目6-(3)

㊶ 前後，左右の指示を理解しよう

指導形態 時間における指導（通級指導教室）

こんな子に 前後，左右等の位置や方向を表す概念の理解が苦手。

ねらい 位置や方向を含む指示を理解し応じることができる。

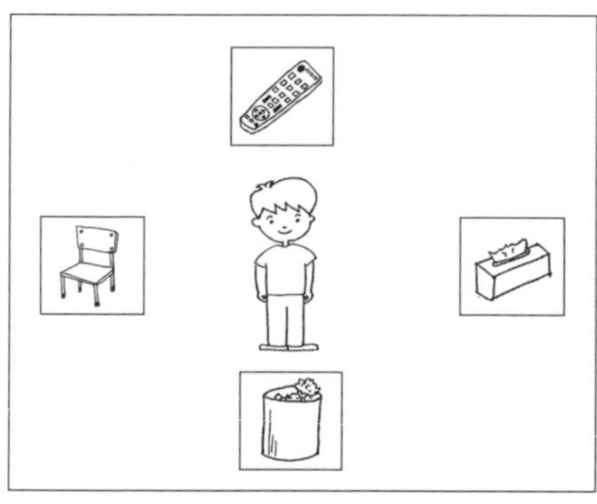

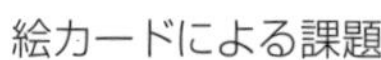
絵カードによる課題

実物による課題

準備

- ホワイトボード　● 絵カード（ラミネートして裏面に磁石を貼る）
- 人形　● 箱　● リモコン　● かご　等
- 指示文カード（例：〇〇さんの右に椅子を置く　等）
- 事前に子ども自身の右手，左手が理解できているかを把握しておく。

指導の流れ

❶ 絵カードを使って上下，左右の指示に応じる

- 位置や方向を表す言葉を含んだ指示をして絵カードの操作を促す。
  例）「○○さんの上にリモコンを置く」
  　　「○○さんの右にティッシュを置く」
- 言葉の指示理解が苦手な場合は，指示文を見せながら読む。
- 自己中心的な方向で左右を答える場合は，登場人物の絵カードを示し，「○○さんの右はこっちだよ」等，とヒントを与える。

❷ 実物を使って前後，左右の指示に応じる

- 机の上に人形を置き，前後，左右を含む指示をする。
  例）「いぬの前にティッシュを置く」
  　　「いぬの左にかごを置く」
- 人形の向きを変えて，再度指示を行う。
  ※人形の向きが変わると難しくなる場合は，人形と同じ向きに立って考えるように促す。

❸ 前後，左右の質問に答える

- 人形の前後，左右に実物を配置しておき，質問する。
  例）「くまさんの左にあるものは何？」

ポイント

- 頭の中で対象物（人形）を回転させて，方向を考えることが難しい場合は，自分も人形と同じように向きを変えることが多い。
- 慣れてきたらできるだけ頭の中で考えられるように促していく。

関連項目４-(2)

個別　集団

42 指先を使って入れよう

指導形態 時間における指導

こんな子に 指先を使う経験が少なく，つまむ，押す等の動きが苦手。

ねらい 指先に力を入れて物を扱うことができる。

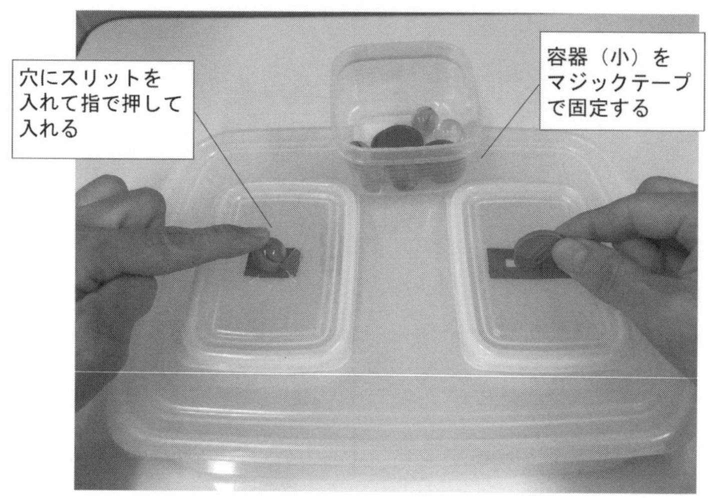

プットイン教材例

準備

- 容器（大：１・小：３）　• ビー玉　• コインの玩具　• マジックテープ
- 容器（小）の２つのふたに，ビー玉とコインが入る大きさの穴をあける。指先で押して入れられるようにビー玉を入れる穴にはスリットを入れる。
- 容器（大）のふた部分に，容器（小）が入る大きさの穴をあけてはめ込む。
- 容器（小）にビー玉とコインを入れマジックテープで容器（大）に固定する。

指導の流れ

❶ ビー玉をつまんで入れる

- ビー玉を一つずつ手渡して，穴に入れるよう促す。
- スリット付きの穴に押し込んで入れることが難しい場合は，指先を持って押し込む動きを補助する。
- ビー玉を押し込むときに「ぎゅっ」等の言葉掛けをすることで，力を入れる動きを意識できるようにする。

❷ コインをつまんで入れる

- コインを１枚ずつ手渡して，穴に入れるよう促す。
- 穴に合わせて入れる向きを調節することが難しい場合は，手を添えて補助し，できるだけ失敗がないようにする。
- １枚ずつ手渡して入れることに慣れてきたら，容器（小）にコインを入れておき，自分で取って入れるよう促す。

❸ 穴の違いを見比べて入れる

- ビー玉，コインの両方を容器（小）に交ぜて入れ，それぞれの穴に入れるよう促す。
- 準備や片付けも含めて自分で行えるよう環境を整える。
（参照：アイデア㉗「自分で課題に取り組もう」）

ポイント

- ビー玉やコインで感覚遊びをしてしまう場合は，数を減らしたり，仕切りのある容器（製氷皿等）に入れたりして課題を提示する。

関連項目4-(2)

43 ふたを回してみよう

指導形態 時間における指導

こんな子に 指先を使ってふたを開けたり閉めたりする動きが苦手。

ねらい ふたを回す動きをすることで手指の巧緻性を高める。

ふたを閉める教材例

準備

- 小物入れケース（100円ショップ）
- 台紙（車のイラストを印刷しラミネートする）
- 小物入れケースのふたにタイヤのイラストを貼る。
- 小物入れケースを台紙に固定する。
- 教材をＡ４サイズの透明のケースに収納して持ち運びやすくする。

指導の流れ

❶ 課題のやり方の手本を見せる

- タイヤ（ふた）を付けて車を完成させることを説明し，手本を見せる。
- 「くるくる」と言いながらゆっくりとふたを回す動きを見せる。
  例）「今から車にタイヤを付けるよ，くるくる」

❷ ふたを閉める教材に取り組む

- 最初は半分ぐらいふたを閉めた状態から始める。
  ※１回回しで完成できるようにする。
- １回回しができるようになったら，徐々に繰り返しふたを回す動きを促していく。
- 最後までふたを回せるようになったら，すべてのふたを一人で閉めて完成させることを促す。
- ふたを閉めることができるようになったら，ふたを外す課題にも取り組む。
- 強引に引っ張って取ろうとする場合は，「くるくる」と言いながら手を添えて反対に回す動きを補助する。

❸ 準備・片付けを行う

- 教材が入ったケースを自分で取ってくることや，終わったらケースのふたを閉めて元の場所に片付けることを促す。
  （参照：アイデア㉗「自分で課題に取り組もう」）

ポイント

- 水筒やペットボトルのふたの開閉にも取り組むことで，日常場面に生かすようにする。

関連項目6-(1)

44 両手を使ってペグさしをしよう

指導形態 時間における指導

こんな子に 両手を協応させて物を操作することが苦手。

ね ら い 両手で「ペグさし」をすることで両手の協応動作を高める

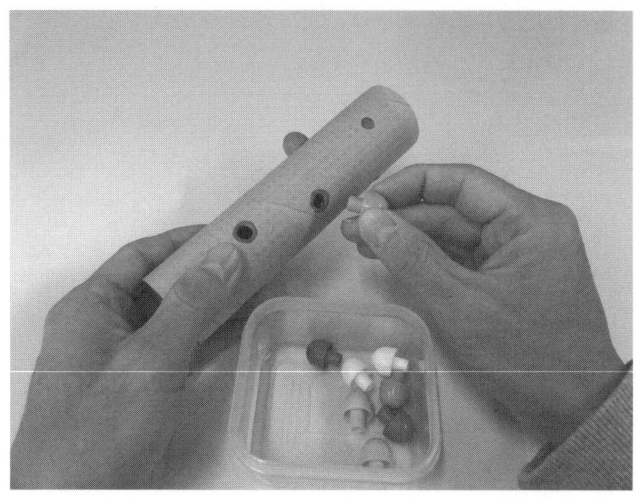

ペグさし教材

準備

- ラップ等の芯
- ４色ペグ（玩具を利用）

 ※ストローで代用可能。
- ラップの芯に穴をあけて，穴の周囲にマーカーで色を付ける。

 ※ペグの色と穴の色をマッチングさせて入れることができるようにする。

指導の流れ

❶ 課題のやり方を知る

- 穴の色と同じ色のペグを入れる手本を見せる。
  例）「赤を入れるよ」「穴をよく見て」

❷ ペグさし教材に取り組む

- 最初は教師が芯を持った状態でペグを入れることから始める。
- 芯の裏側にも穴があることを見せ，ペグと同じ色の穴を探すように促す。
- 色をマッチングさせて穴に入れることが分かってきたら，片方の手で芯を持つことを促す。
- 最初は片方の手を支えて補助し，慣れてきたら徐々に補助の力を緩めていく。
- 机上で肘をついて行っている場合は，机を取り除き椅子に座った体勢で行うことを促し，両手で物を支持しながら操作する力を高めていく。

❸ 必要なペグの色を要求する

- 区分６コミュニケーションと関連させて指導する。
- 教師がペグをいくつか持っておき，子どもにペグを要求することを促す。
  例）教　師：「何色が欲しい？」
  　　子ども：「○色ください」

ポイント

- 最初は教師が芯を支えた状態から始めて徐々にレベルアップさせていくことで，苦手意識をもたせないようにすることが大切である。

関連項目6-(1)

㊺ 両手を使って巾着袋に入れよう

指導形態 時間における指導

こんな子に 両手を使って巾着袋に物を入れることが苦手。

ねらい 両手や目と手の協応動作を高める。

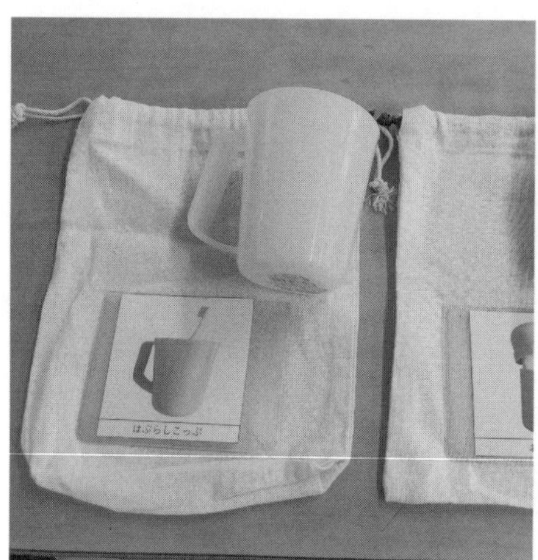

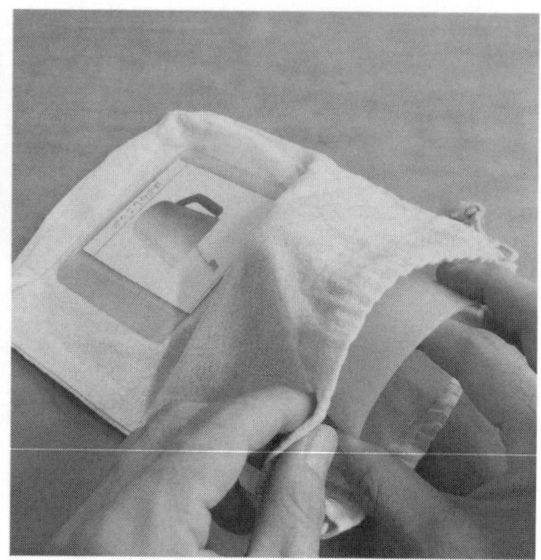

巾着袋を使った教材例

準備

- 巾着袋（100円ショップ）
- 日用品（おしぼり，コップ等）
- 写真カード（日用品の写真を印刷してラミネートする）
- 巾着袋に日用品の写真カードを貼っておく。
- 日用品はかごにまとめて入れておき，少し離れた場所に置いておく。

指導の流れ

❶ 指示された日用品を取ってくる

- 写真を見せながら巾着袋に入れるものを伝え，少し離れたところに置いてある日用品を取ってくるよう促す。
  例）「おしぼりを取ってきてください」

❷ 取ってきた日用品を巾着袋に入れる

〈巾着袋の入り口を広げる〉

- 巾着袋の入り口を広げるのが難しい場合は，最初から広げておくか，手を添えて広げる動きを補助する。

〈片手で袋を持ち，もう一方の手で日用品を入れる〉

- 片手で袋の入り口を持つことが難しい場合は，教師が入り口を広げた袋に入れるところから始める。
- 巾着袋に日用品がうまく入れられない場合は，袋の入り口に半分だけ入れた状態から始める。

〈紐を引っ張って袋を閉じる〉

- 紐の先を両手で持ち，同時に引っ張る動きを教える。
- 「ぎゅう」と声を掛け，最後まで紐を引っ張ることを促す。

❸ 巾着袋から日用品を取り出す

- 蝶結びをほどいて，入り口を広げる動きを教える。
- 巾着袋から日用品を出すのが難しい場合は，半分ほど袋から出した状態から始める。

ポイント

- 給食袋や歯磨きコップ袋など，日常場面と関連させて指導する。

関連項目4-(4)

46 両手を使って洗濯ばさみではさもう

指導形態 時間における指導

こんな子に 両手を協応させて物を扱うことが苦手。

ねらい 両手や目と手の協応動作を高める。

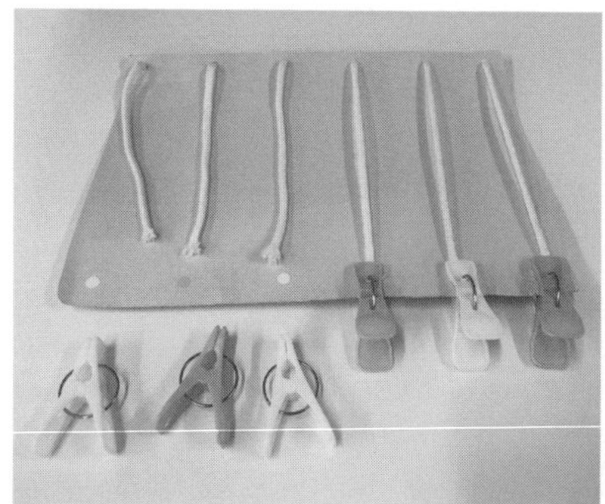

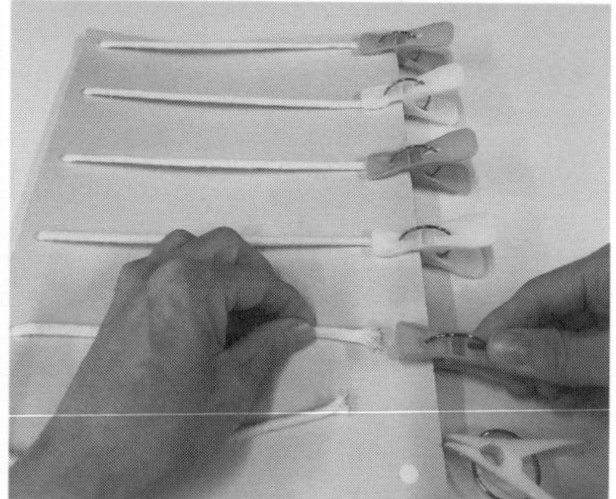

紐と洗濯ばさみを使った教材例

準備

- 洗濯ばさみ
- 台紙（A４サイズのフラットファイル）
- 紐（２色）
- シール（２色）
- 台紙の端に穴をあけて紐を結び，対応する色のシールを貼っておく。

指導の流れ

❶ 課題のやり方を知る

- 紐を台紙のシールに合わせて洗濯ばさみではさむ手本を見せる。
  例)「紐をシールに合わせて洗濯ばさみではさみます」

❷ 紐と台紙を洗濯ばさみではさむ

〈紐と同じ色の洗濯ばさみを選ぶ〉

- 紐と同じ色の洗濯ばさみを選んではさむことを指示する。

〈片手で紐を引っ張る〉

- 紐を引っ張って台紙のシールに合わせるよう指示する。
- シールに合わせることを意識できるよう「ピタッ」等の声掛けをする。

〈もう一方の手で洗濯ばさみを操作する〉

- 最初は紐を固定する手の動きを補助して，洗濯ばさみの操作に集中できるようにする。
- 難しい場合は，洗濯ばさみの操作のみを行うところから始める。

❸ 準備から片付けまでを一人で行う

- 慣れてきたらすべての洗濯ばさみがなくなるまで一人で行う。
- 洗濯ばさみ教材をかごに入れておき，自分で教材を取ってきて，終わったら片付けるように促す。

ポイント

- 洗濯ばさみ付きハンガーでズボンや靴下等をはさむ課題と関連付けて，日常生活の中で生かすようにする。

関連項目 1-(1)

47 お箸でつまむ練習をしよう

指導形態 時間における指導

こんな子に お箸の操作が苦手。

ねらい 両手や目と手の協応動作を高める。

お箸教材例

準備

- お箸（補助箸，ピンセット，トング等，実態に合わせたもの）
- 仕切り付きの容器（使い捨てのパレットを使用：100円ショップ）
- 消しゴム
- 容器（筒状のお菓子の空き容器）
- 容器のふたに消しゴムが入る大きさの穴をあける。

指導の流れ

❶ 課題のやり方を知る

- お箸で消しゴムをつまんで容器の穴に入れる手本を見せる。
- 実際の食事で使用しているお箸（補助箸等）と同様のものを用意して実施する。
- お箸の使用がまだ難しい場合は，ピンセットやトングを使用する。

❷ お箸で消しゴムをつまんで穴に入れる

- 消しゴムを仕切り付きの容器に並べて提示することで，一つずつつまむことや課題の終わりを分かりやすく伝える。
- まずは，手を添えて消しゴムをはさむ動きを補助し，容器の穴に移動させ，離すところから練習をする。
- 箸の動かし方を練習する。
  例）下の箸を支えておき，親指，中指，人差し指だけで上の箸を上下に動かす練習をする。

❸ お箸で消しゴムを仕切り付きの容器に並べる

- お箸の扱いに慣れてきたら，片方の手で容器を持ってお箸で消しゴムを仕切り付きの容器に並べる課題を実施する。

ポイント

- 日常の食事場面と関連付けて指導する。
- 訓練的になりすぎないように，現在できる方法で成功体験を積み重ねられるよう配慮する。

【参考文献】 鴨下賢一著（2018）『発達が気になる子へのスモールステップではじめる生活動作の教え方』中央法規

関連項目 4-(4)

48 よく見て線を消してみよう
～なぞり消し迷路～

指導形態 時間における指導

こんな子に 書字等で手元に集中して線をなぞるのが苦手。

ねらい 注意の持続や目と手の協応動作を高める。

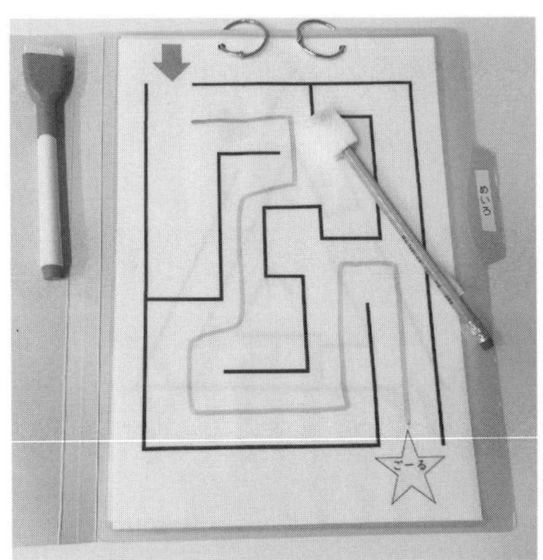

なぞり消し迷路

準備

- DL 迷路ワークシート（印刷してラミネートする）
- メラミンスポンジ　　● 鉛筆
- ボードマーカー（赤）
- 鉛筆の先にメラミンスポンジを貼り付ける。
- ラミネートした迷路にマーカー（赤）で線を書いておく。

指導の流れ

❶ 課題のやり方を知る

- 迷路（ワークシート）のスタートからゴールまでの道順をマーカー（赤）で線を書き，メラミンスポンジ付き鉛筆で線を消す手本を見せる。
- 課題のやり方が分かりにくい場合は，線を消す前に手を添えて指で道順をなぞるようにする。

❷ 線を消す

- 力加減が難しく線がうまく消せない場合は，手を添えて運筆を補助する。
- 線を消せるようになったら，補助の力を緩めて一人でできるようにする。
- 「たて」「よこ」「ななめ」等，運筆に必要な動きを意識できるような言葉掛けをする。
- 机上でワークシートが動いてしまう場合は，片手で押さえることを促したり，滑り止めシートを敷いたりして対応する。

❸ マーカーで迷路をなぞる

- 線を消してゴールできるようになったら，マーカーや鉛筆で迷路の道順をなぞることに挑戦する。
- 難しい場合は，線を消す課題に戻って練習する。

ポイント

- 最初は，道順にこだわらずに線が消えるおもしろさを実感できるようにすることがポイントである。
- 迷路の難易度を上げていくことで，子どもの意欲を引き出す。

関連項目1-(1)

㊾ 端をピタッと合わせてたたもう

指導形態 時間における指導

こんな子に 服たたみ等で端を合わせる意識が乏しい。

ね ら い 端と端を合わせてたたむことで目と手の協応動作を高める。

端を合わせるためのマジックテープ

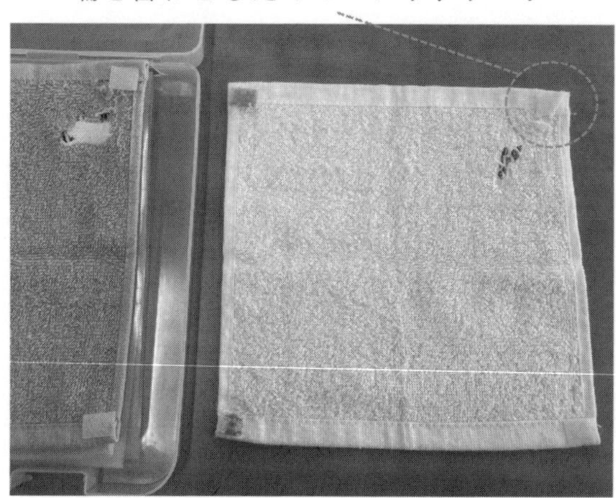

マジックテープ付きハンカチ

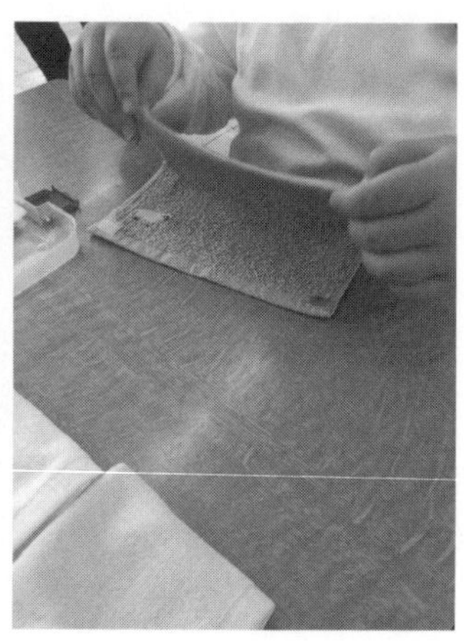
活動の様子

準備

- ハンカチ（５枚程度）
- マジックテープ（２色）
- 端を合わせるための目印としてハンカチの角にマジックテープを貼る。
- 事前に対象児の衣服やエプロン，タオル等のたたみ方を把握しておく。

指導の流れ

❶ 課題のやり方を知る

- ハンカチの角に貼られているマジックテープを指さし，同じ色同士を合わせてたたむやり方を見せる。

❷ マジックテープ付きハンカチで練習する

- 最初は，手を添えてハンカチの角をつまんでマジックテープ同士を合わせる動きを補助し，徐々に補助の力を緩めていく。
- 端を合わせるときには「ピタッ」と声を掛け，意識しやすくする。
- １回半分にたたんだら向きを変えてもう半分にたたむ動きを教える。
- たたんだハンカチはかごに入れるよう促す。
- かごに入れるときには，せっかくたたんだハンカチが崩れないように丁寧に置くことを伝える。

❸ マジックテープなしのハンカチで練習する

- マジックテープ付きのハンカチで端をそろえてたたむことに慣れてきたら，普通のハンカチで練習する。
- 同様に端を合わせることを意識できるよう，「ピタッ」と声を掛ける。
- 普通のハンカチになると難しくなる場合は，ハンカチの角にシールやマーカーで目印を付けて練習する。

ポイント

- 日常場面でハンカチやタオル，エプロン等をたたむときにも，端を指さしたり「ピタッ」と声掛けしたりして，練習した動きを活用できるようにする。

関連項目２-(1)

個別 集団

50 よく見てクリップを取り出そう

指導形態 時間における指導

こんな子に 周囲に気が散りやすく活動に集中しにくい。

ね ら い 注意を持続させて目と手の協応動作を高める。

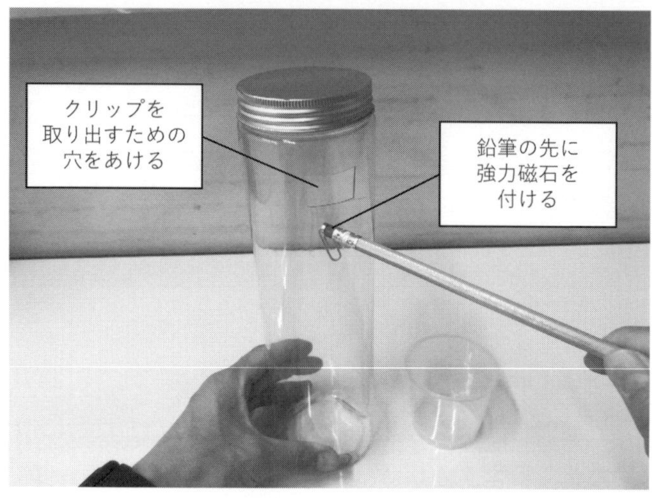

クリップすくい

準備

- ふた付きの筒型容器（100円ショップ）
- 鉛筆　　● 強力磁石
- クリップ（５個程度）
- 筒型容器の上部にクリップを取り出すための穴をあける。
- 鉛筆の先に強力磁石を取り付ける。

指導の流れ

❶ 課題のやり方を知る

- 筒型容器の中のクリップをすべて取り出すことを伝え，一つ取り出して手本を見せる。
- 鉛筆の先のクリップが落ちないように，慎重に動かすことと目を離さないようにすることをポイントとして伝える。

❷ クリップを取り出す

- 最初は，クリップをすくうことだけに集中できるよう，教師が筒型容器を押さえておく。
- クリップが落ちてやる気をなくさないために，最初は手を添えてクリップをすくい上げる動きを補助し成功体験をさせる。
- 「そーっと」「よく見て」等，注意を持続できるよう声を掛ける。
- クリップを取り出すことができたら称賛し，残りのクリップも取り出すことを励ます。

❸ 片手で筒型容器を支えながらクリップを取り出す

- クリップを取り出すことに慣れてきたら，片方の手で筒型容器を支えるよう促す。
- タイムを計測することで意欲を高める。
- 集団で指導する場合は，順番を守ることや仲間を励ますことを関連付けて指導する。

ポイント

- タイムを計測し，指導初期と指導後を比較することで評価に活用する。

5-(5)作業に必要な動作と円滑な遂行

関連項目３-(4)，４-(2)

51 お菓子釣りゲームをしよう

指導形態 時間における指導／各教科等を合わせた指導

こんな子に 周囲に気が散りやすく活動に集中しにくい。

ねらい 注意を持続させて目と手の協応動作を高める。

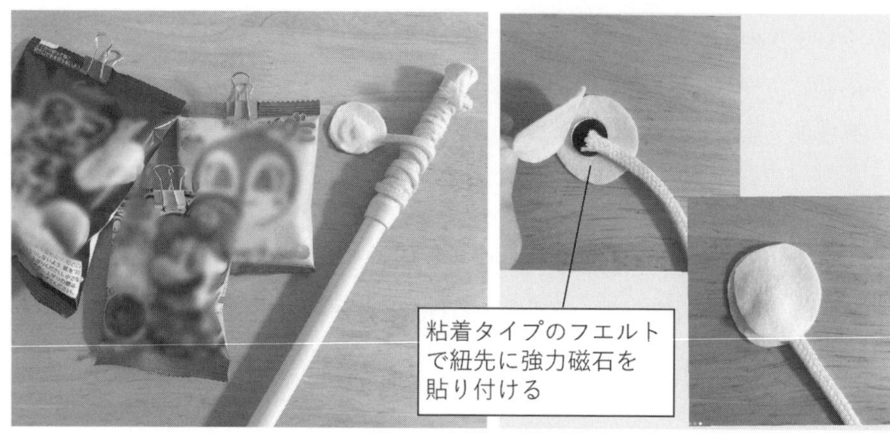

お菓子釣りゲームの教材

準備

- 突っ張り棒　●粘着タイプのフエルト　●強力磁石　●紐　●お菓子
- クリップ　（すべて100円ショップ）　●BGM　●タイマー
- 突っ張り棒の先に紐を付ける。紐の先には粘着タイプのフエルトで強力磁石をはさみ固定する。
- お菓子にはクリップを付ける。
- 練習用に段ボールで作った魚を用意する。

指導の流れ

❶ 課題のやり方を知る

- 手本動画でやり方を見せ，紐の先をよく見て操作することを伝える。
- ゲームを行う順番を事前に知らせて，友達と交代するときの言葉（「○○さん，どうぞ」と言って竿を渡す）を視覚的に伝えておく。

❷ お菓子釣りゲームの練習をする

- 段ボールの魚で練習をする。
- 釣る個数やタイマーを設定することで活動の終わりを明確に伝える。
  例）「○個，釣ったら終わりです」「ピピッとなったら終わりです」
- 竿を持ったまま，紐先の魚を片方の手で取ることが苦手な子どもには，手を添えて両手を協応させる動きを補助する。
- 子どもの実態差に応じて，竿や紐の長さを調節する。
- 簡単にできる子どもには，台やバランスクッションの上に立って実施することで難易度を高め，挑戦する意欲を高める。

❸ お菓子釣りゲームをする

- 釣ることができるお菓子は一つであることを伝えておく。
- どのお菓子をねらうか尋ねることで注意集中を高める。
- BGM を使用することで雰囲気を高める。
- 友達と順番を交代するためのやりとりができたら大いに称賛する。

ポイント

- 生活単元学習等のお楽しみ会で実施すると盛り上がる。

関連項目3-(4)

個別 集団

52 手を伸ばして虫を捕ろう

～虫捕りゲーム～

指導形態 時間における指導／各教科等を合わせた指導

こんな子に 道具を操作するための体の使い方がぎこちない。

ねらい 道具を使い，腕を伸ばして物を取ることで体の使い方を学ぶ。

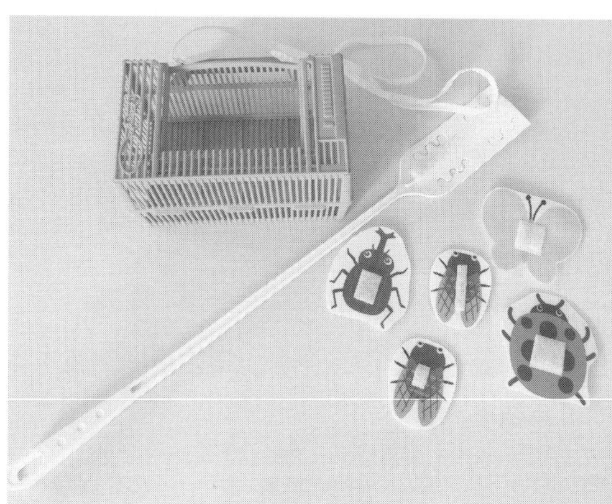

虫捕りゲーム教材

準備

- 掃除用の棒（100円ショップ）　● マジックテープ

※掃除用の棒先にマジックテープの硬い方を貼る。

- 虫カード（ラミネートして表面にマジックテープの柔らかい方を，裏面に板磁石を貼る）
- 虫かご　● BGM

指導の流れ

❶ 課題のやり方を知る

- 手本動画や実演でやり方を見せる。
- 虫をよく見てねらい，虫捕り棒を持った腕をしっかりと伸ばすことをポイントとして伝える。
- ゲームを行う順番を事前に知らせて，友達と交代するときの言葉（「○○さん，どうぞ」と言って虫捕り棒と虫かごを渡す）を視覚的に伝えておく。

❷ 虫捕りゲームをする

- 黒板やホワイトボードに虫を貼るときは，子どもが腕を伸ばして届く位置に貼るようにする。
- BGM（虫の声等）を使うことで，活動の雰囲気を高めると同時に，活動の始まりと終わりが分かるようにする。BGM が止まったら次の順番の友達と交代するよう促す。
- 腕を伸ばす動きが苦手な子どもには，虫の位置を下げたり，手を添えて虫を捕る動きを補助したりする。
- 虫捕り棒の先に付いた虫カードをはがして虫かごに入れる動きが難しい子どもには，手を添えて両手を協応させる動きを補助する。
- できるだけ上の方にいる虫を捕ることを促し，挑戦する意欲を高める。

ポイント

- 時間内に何匹捕ることができたかを数えて比べたり，ペアで協力して行ったりするなど，集団の実態に応じて活動を発展させる。

関連項目3-(4)，4-(4)

53 背中のかごに入れてみよう

～魚釣りゲーム～

指導形態 時間における指導／各教科等を合わせた指導

こんな子に かばんを背負う，シャツを入れる等の動きが苦手。

ねらい 見えない体の部位を意識して体を使うことができる。

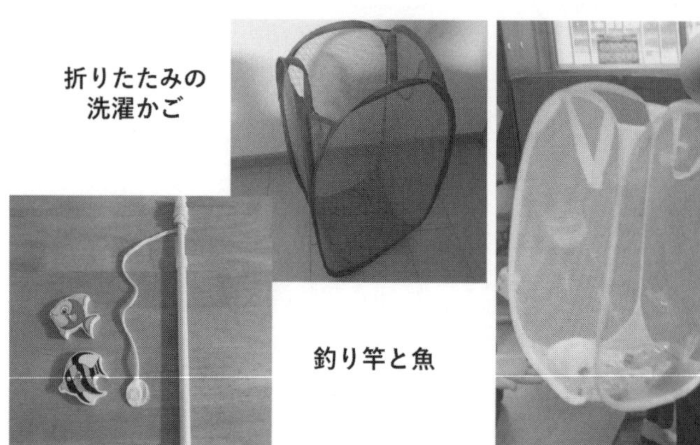

魚釣りゲーム教材　　活動の様子

準備

- 釣り竿（突っ張り棒）
- 折りたたみの洗濯かご
- ブルーシート（水に見立てる）
- 魚（磁石にくっつくようにクリップを付ける）
- 足型シート
- BGM

※突っ張り棒に紐を固定し，紐先に強力磁石を付ける。
※洗濯かごに，段ボール等で肩ベルトを装着して背負えるようにする。

指導の流れ

❶ 課題のやり方を知る

- 手本動画や実演でやり方を見せる。
- 釣った魚を背中のかごに入れる動きをゆっくりと示す。
- ゲームを行う順番を事前に知らせて，友達と交代するときの言葉（「○○さん，どうぞ」と言って竿とかごを渡す）を視覚的に伝えておく。

❷ 魚釣りゲームをする

- かごを背負うのが難しい子どもには，片方の腕を通すのを手伝い，もう一方の腕を通すところから始め，徐々に自分で背負えるようにする。
- 立ち位置が分かるように足型シートを敷いておく。
- スタートの合図をして BGM を流すことでゲームの雰囲気を盛り上げるとともに，ゲームの始まりと終わりを明確にする。
- 最初は腕を後ろに回して魚をかごに入れる動きを補助し，かごの存在を意識できるようにする。
- 片手で竿を持ち上げながら，もう片方の手で紐先の魚を取ることが難しい子どもには，手を添えて両手の協応動作を教える。
- ゲームに慣れてきたら，台やバランスクッションの上に乗って行ったり，魚の数を増やしたりして実態差に応じて難易度を調整する。

ポイント

- 活動の発展として，友達と釣れた魚の数を比べたり，ペアで協力して取り組んだりする機会を設ける。

関連項目3-(4), 4-(2)

54 転がるボールをキャッチしよう

指導形態 時間における指導

こんな子に 対象物を注視したり，目で追ったりすることが苦手。

ねらい 動いているものを追視し，注意を持続させることができる。

ボールキャッチゲームの様子

準備

- 紙コップ，柄杓
- カラーボールまたはピンポン球（5個程度）
- かご
- テーブル
- 手本動画

指導の流れ

❶ 課題のやり方を知る

- 手本動画や実演でやり方を見せる。
- ボールの動きをよく見るとうまくキャッチできることをポイントとして視覚的に伝える。
- ゲームを行う順番を事前に知らせて，友達と交代するときの言葉（「○○さん，どうぞ」と言って紙コップを渡す）を視覚的に伝えておく。

❷ 手でボールをキャッチする

- 最初は，直接，手でボールを取ることから始める。
- ボールを転がす前に予告し，ボールに注意を向けさせる。
  例）「いくよ，よく見て取ってね」
- 子どもの背後からボールを取る動作を補助し，徐々に一人で取ることができるようにしていく。
- 取ったボールはかごに入れるよう促し，５個取ることができたら次の友達と交代するようにする。

❸ 紙コップでボールをキャッチする

- 手で取ることに慣れてきたら，紙コップで取ることに挑戦する。
- ボールの速度や方向など，実態差に応じて難易度を調整する。

ポイント

- さらに，柄杓を使ってボールを取ることやボールを転がす役割を子どもに任せることで活動を発展させる。

関連項目2-(1)・(3)

55 要求を伝えよう
～コミュニケーションカード～

指導形態 教育活動全体

こんな子に 言葉で要求を伝えるのが苦手でかんしゃくを起こしやすい。

ねらい より望ましい方法で意思や要求を伝えることができる。

コミュニケーションカード例

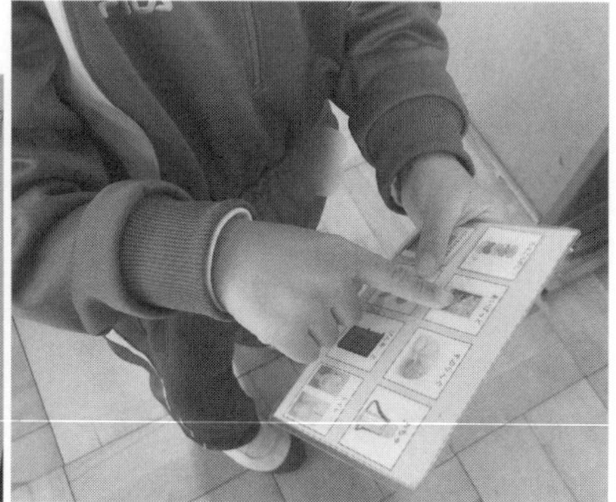
コミュニケーションの様子

準備

- 対象児の好きなものや活動を，観察や保護者からの聞き取りによりリストアップする。
- 好きなものや活動の写真を撮り（またはネット検索して）印刷し，ラミネートする。
- コミュニケーションカードと対応する子どもの好きなものをかごに入れて，普段は自由に獲得できないように管理しておく。

指導の流れ

❶ 要求の仕方を知る

- 欲しいものを目の前で見せて子どもの要求行動を引き出す。
- 子どもが欲しいものに手を伸ばそうとしたタイミングで，カードを指さすよう促す（最初は手を添えて教える）。
- カードを指させたら，すぐにそのものの名称を言って子どもに手渡す。
  例）子ども：ボールのカードを指さす　教師：「ボール」「どうぞ」
- カードの枚数は，子どもの実態（絵や写真の区別がついているか）に応じて調整する。複数の絵や写真の見比べが難しい場合は，１枚のカードを手渡して要求する練習から始める。
- 繰り返し練習する機会を設けて，自分から要求できることを目指す。
- 休憩時間が始まるタイミングで要求を促すようにすると，要求してもよい場面や時間が分かりやすくなる。

❷ 離れた場所にいる教師に要求を伝える

- 目の前の欲しいものを要求できるようになったら，子どもとの距離を少しずつ離していき，教師がいるところまで行って伝えることを教える。

❸ いろいろな相手に要求する

- 特定の教師に要求が伝えられるようになったら，別の教師などに伝える機会を設ける。

ポイント

- 子どもの好きなものは移り変わるので，常にアップデートしカードの内容を変更し語彙を増やしていくことが大切である。

関連項目３-(4)

56 やりとりしてボウリングをしよう

指導形態 時間における指導／各教科等を合わせた指導

こんな子に 大人とのやりとりが中心で友達とのやりとりが少ない。

ね ら い ボウリング活動を通して友達とやりとりを広げる。

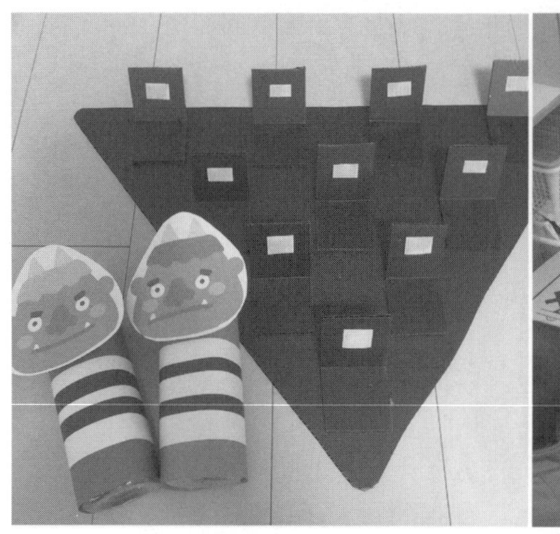

ボウリングゲーム教材例

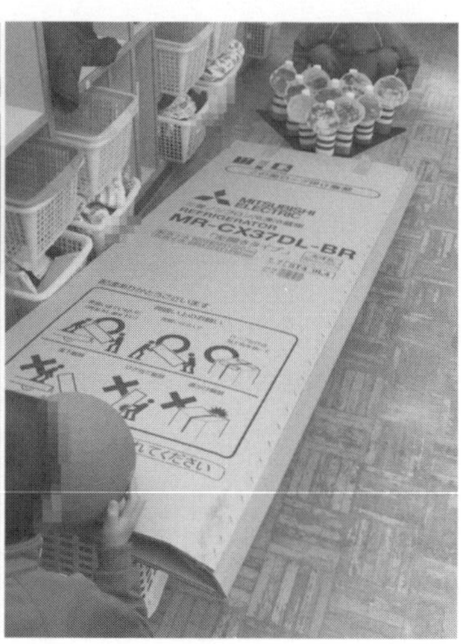

活動の様子

準備

- ビニール段ボール　• マジックテープ　• ペットボトル　• ボール
- ビニール段ボールでボウリング台を作る。
- ペットボトルのピンの裏面にマジックテープを貼り，倒れてもすぐに起こせるように工夫する。
- 実践例では，節分と関連付けて鬼のイラストを付けて装飾した。

指導の流れ

❶ やりとりの仕方を知る

- 手本動画や実演を示しながら，やりとりの仕方を説明する。
  例）ピンを立てる人：ピンをすべて立てたら「いいよ」
  ボールを渡すときは「どうぞ」
  ボールを転がす人：「ころがすよ」「いくよ」 等
- やりとりの言葉は実態に応じたものを設定する。
- やりとりのための視覚的な手掛かりを用意しておく。
- 最初はやりとりの流れが安定的にできるよう，教師が相手（ピンを立てる人）になる。
- 子どもがボールを転がす人のやりとりができるようになったら，教師の役割（ピンを立てる人）を任せて，友達同士でやりとりが成立するようにする。

❷ やりとりのレパートリーを広げる

- 友達同士で定型的なやりとりができるようになったら，ペアの友達を変えたり，やりとりのレパートリーを広げたりする。
- 子どもの自然なつぶやきをやりとりのレパートリーに加える。
  例）ピンが倒れたらハイタッチをする。
  「○本，倒れたよ」
  「やったー」「がんばって」 等

ポイント

- 子ども同士の自然なやりとりをしっかりと褒めるようにする。
- やりとりに集中できるよう，ピンを立てやすい工夫で負担を軽減する。

関連項目4-(5)

57 指令文を読んでやってみよう

指導形態 時間における指導

こんな子に 相手の話を正しく聞くことが難しい。

ねらい 視覚的な手掛かりを活用して正確なやりとりができる。

コップを たたいて	スプーンを まわして	いちごを もって
バナナを なげて	コップを あたまに のせて	スプーンを かくして

具体物と指令文の例

準備

- 具体物（コップ，スプーン，食べ物のミニチュア等）
- メモ用紙
- DL 指令文

※「コップをもって，コップをたたいて，コップをまわして」等，よく読まないと実施できない指令文を書いて準備する。

指導の流れ

❶ 課題のやり方を知る

- 机上に具体物を並べ，メモ用紙に書かれた文の通りにすることを説明し，例題をやってみる。
  例）「メモを読んでやってみてね」「これやってみて」「そう！正解」
- 課題のやり方が分かったら，テンポよく連続してメモを見せて行う。
- 間違えた場合は，再度メモを読むよう促し，正しい動きをモデルで示す。

❷ 課題をレベルアップして行う

- 机上での課題に慣れてきたら，その場でメモ用紙に文を書いて指示する。
- ２つ以上の指令を組み合わせたり，普段はあまりやらない行動を取り上げたりして課題のレベルを上げる。
  例）「バナナをもって，まどをあけて」
  　　「コップをあたまにのせて，まわって」 等

❸ 子ども同士で行う

- 集団指導の場合は，子ども同士で出題者と解答者に分かれて実施する。
  例）出題者：用意された指令文を見せて「これやって」
  　　解答者：課題をやって「どうですか？」
  　　出題者：「正解，合っています」
- 指令文を考えるのが難しい場合は，あらかじめ用意したもので行う。

ポイント

- パターンで覚えてしまわないように，指令文を変えてよく読む必要性をもたせることがポイントである。

6-(2)言語の受容と表出

関連項目3-(4), 4-(5)

58 よく聞いてやってみよう

～ツイスターゲーム～

指導形態 時間における指導

こんな子に 相手の話を正しく聞いてやりとりするのが苦手。

ね ら い ゲームを通して相手の話を受けてやりとりする経験を積む。

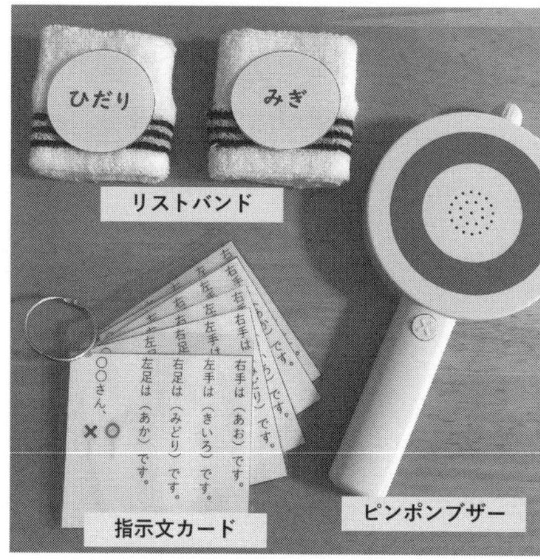

教材

「ツイスター」ゲーム
（ハズブロジャパン合同会社）

準備

- 「ツイスター」（ハズブロジャパン合同会社）
- ○×札かピンポンブザー
- 指示文（「右足はあかです」等，手と足，色を指示した文を印刷し，ラミネートする）
- 左右の目印になるリストバンド，手袋等
- 事前に左右，色に関する指示理解の実態を把握しておく。

指導の流れ

❶ ツイスターゲームのやり方を知る

- 最初は指導者が指示文を読み，一人ずつやり方を確かめながら練習する。
- 左右の理解が難しい場合は，手と足，色の情報のみで行ったり，左右が書かれたリストバンドを付けたりする等の工夫をする。
  例）「手はみどり」「足はあか」
- 正しく左右の手足を色マットに置けたら，ピンポンブザーで評価する。

❷ 子ども同士でツイスターゲームを行う

- 指示文を読む役割とツイスターをする役割に分かれ，交代しながら行う。
- 指示文を読む子どもには，足型シートで立ち位置を分かりやすくし，相手に伝わる声の大きさに気を付けるよう促す。
  例）「ボリューム3で話しましょう」
- 友達が正しく手足を置くことができたかを評価するときには，相手の視点で左右を判断できているかを確認する。難しい場合は，リストバンド等の目印を手掛かりにする。
- 評価は，友達に向けて「○○さん，いいです」と言いながら，○×札やピンポンブザーを使うように促す。

❸ 振り返りを行う

- 動画を使い，指示文をよく聞いて正しく手足を置けたか，相手に分かりやすく伝えられたかを評価する。

ポイント

- 左右の理解にこだわりすぎないよう楽しい雰囲気を大切にする。

関連項目3-(1)

59 要求を詳しく伝えよう

～穴埋め式コミュニケーションカード～

指導形態 教育活動全体

こんな子に 文を読めるが語彙が少なくやりとりが広がりにくい。

ねらい 定型文を手掛かりに文章で要求を伝えることができる。

穴埋め式コミュニケーションカード例　　コミュニケーションの様子

準備

- 子どものコミュニケーションの様子を観察し，目標とするコミュニケーション場面を決める。
- DL 穴埋め式コミュニケーションカード（「何を」の部分を空欄にした定型文を作り，１枚のシートにして印刷する）
  例）「　」がありません。「　」がこわれました。 等
- 印刷したシートをラミネートして，子どもの目につくところに置く。

指導の流れ

❶ 穴埋め式コミュニケーションカードの使い方を知る

- 子どもが困っている場面や言葉足らずで要求が伝わりにくいときに，カードを使って教えてほしいことを説明する。

  例）「何か困ったときは，このカードを先生に持ってきてお話ししようね」
- ターゲットにしているコミュニケーション場面になったら，カードを持ってくることを促し，定型文を指しながら手本を示して模倣するよう促す。
- 言葉足らずのやりとりの場合は，定型文を示しながら「何をかしてほしいの？」とヒントを与え，空欄部分を考えるよう促す。
- 実態に応じて使用する定型文の数を調整する。最初は一つの定型文を使えるようになることを目標にする。

❷ イレギュラーな場面で必要なことを伝える

- 定型文の使い方に慣れてきたら，意図的にコミュニケーション機会を設けて，状況に応じて伝えられるようにする。

  例）要求に対して違うものを渡す。⇒「　」が違います。
  いつもあるものが不足している。⇒「　」がありません。
  タブレットにパスワードを設定する。⇒「　」手伝ってください。等

❸ 特定の相手以外の人や離れた場所にいる人に伝える

- 特定の教師に要求が伝えられるようになったら，子どもとの距離を離したり，別の教師などに伝えたりする機会を設ける。

ポイント

- 最初はヒントを多めにして成功体験を積み重ねられるようにする。

関連項目4-(5)

60 スリーヒントクイズを作ろう

指導形態 時間における指導（通級指導教室）

こんな子に 思いや考えを伝えるための語彙数が少ない。

ねらい 語と語の関連性を高めて語彙を増やすことができる。

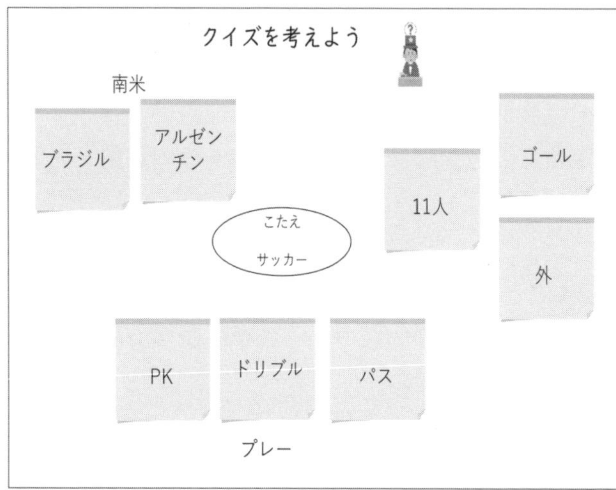

概念地図

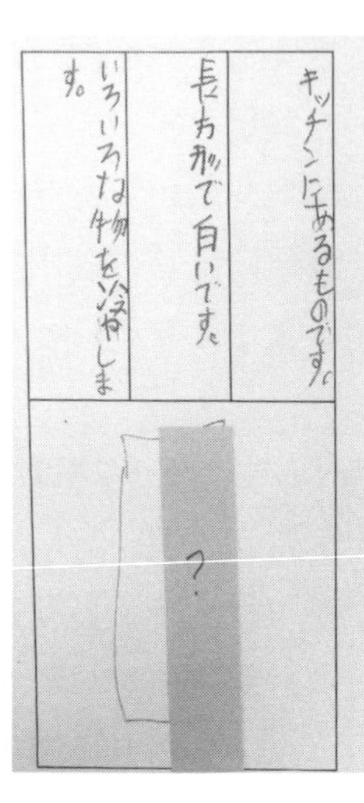

ワークシート例

準備

- 概念地図（3つのヒントを考えるためのワークシート）
- DL ワークシート（答えの言葉に対する3つのヒントを記入する）
- 付箋紙
- クイズの答えには，子どもの興味関心を生かす言葉と，語彙を広げるための言葉をバランスよく出題する。

指導の流れ

❶ 概念地図を使ってスリーヒントを考える

- 概念地図の真ん中に，クイズの答えとなる言葉を配置し，言葉から想起される語を付箋紙に記入して貼ることを促す。
  例）「答え：サッカー」⇒「ボール」「スポーツ」
- 最初は，教師と交互に語想起をすることで，イメージを膨らませる。
- うまく語想起できない場合は，「どこで（場所）するもの？」「何に使うもの？」「どんな特徴がある？」等の質問をして語を引き出す。

❷ 概念地図に記入した語をスリーヒントにまとめワークシートに記入する

- 付箋紙に書かれた語と語の共通性を考えたり，仲間分けして上位概念を考えたりしてヒントをまとめることを促す。
  例）「パス」「ドリブル」「PK」⇒上位概念：「～等のプレーがある」
- 3つのヒントに絞ることができたら，ワークシートに記入することを促す。
- 友達などの相手に向けてヒントを出すことを想定し，最初のヒントは難しく，徐々に分かりやすいヒントになるように助言する。

❸ クイズを出題する

- 集団指導で実施する場合は，できあがったクイズをお互いに出題し合う機会を設ける。
- 通級指導教室等の個別指導で実施する場合は，クイズを出題してみてどうだったか感想を聞き，振り返りを行う。

ポイント

- 誰にクイズを出したいかを明確にするとやる気を高めやすい。

関連項目3-(1)

個別　集団

61 タブレット端末で伝えよう

指導形態　教育活動全体／時間における指導

こんな子に　発音が不明瞭で意思を適切に伝えることが苦手。

ねらい　代替手段を活用してコミュニケーションを広げる。

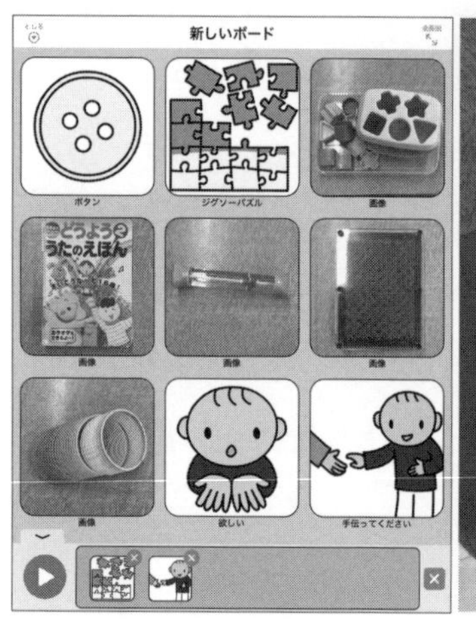

アプリの画面例

コミュニケーションの様子

準備

- タブレット端末（iPad 等）　● 音声搭載のコミュニケーション支援アプリ（DropTap：ドロップレット・プロジェクト）
- 事前に現在のコミュニケーションの様子を観察し，どのような要求の内容や要求手段があるかを把握して目標を設定する。
- 目標とする言葉をアプリに登録する。

指導の流れ

❶ アプリを使って要求する練習をする

- 最初は既にできているコミュニケーションを使ってアプリの使い方を学べるようにする。
  例）絵カードを使って玩具を要求できている場合
  ⇒その絵カードの内容をアプリに登録して練習する。
  ⇒いつもある絵カードがない状況を意図的に設定してアプリを使用する練習をする。
- 子どもがアプリ画面の絵やシンボルを押したらすぐに反応し，要求をかなえることで成功体験を積み重ねられるようにする。
- タブレット端末を自分で準備し相手のところに持っていけるよう練習する。

❷ コミュニケーションの語彙を増やす

- アプリの操作に慣れてきたら語彙を増やしていく。
  例）要求（休憩時間に遊ぶものや活動，行きたい場所，援助，拒否）
  報告（課題の終了，気持ち，健康状態，出来事）
  質問に応じる（色，形，名称）等

❸ 2語文以上でコミュニケーションする

- 相手の名前や，動詞，助詞，色，形等の情報を加えてより詳細に伝える機会を増やしていく。
  例）「○○せんせい」「黄色（の）」「ボール」「かしてください」等

ポイント

- タブレット端末の管理方法や扱い方のルールも同時に教えるようにする。

関連項目2-(2)

62 困ったときは援助を求めよう

指導形態 教育活動全体／時間における指導

こんな子に 困った状況にうまく対処できず受け身でいることが多い。

ねらい 困った状況を理解し相手に適切に援助を求めることができる。

教材例

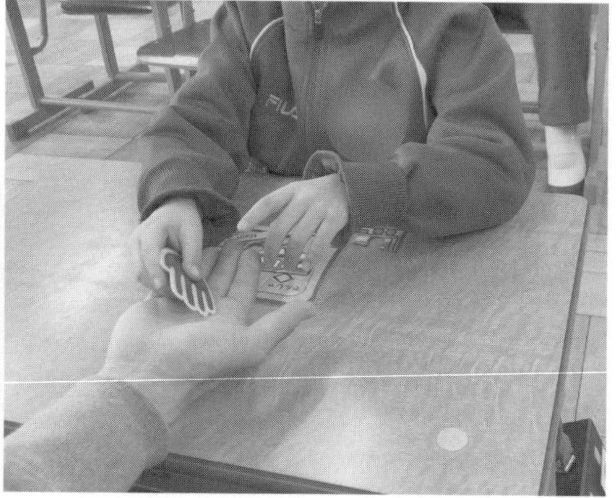

コミュニケーションの様子

準備

- 実態に応じて援助依頼のためのコミュニケーション手段を設定する。
  例）絵カード，文字，ジェスチャー，話し言葉，等
  ※写真の教材は「てつだってカード」（ピラミッド教育コンサルタントオブジャパン）
- 現在のコミュニケーションの様子を観察し，援助が求められずに直接，教師の手を引いたり，かんしゃくを起こしたりしている場面を把握しておく。

指導の流れ

❶ 援助依頼の練習をする

- 意図的に援助が必要な場面を設定する。
  例）いつも教師が援助している場面で，援助しないで待ってみる。
  　　（衣服の着脱，食事　等）
  　　いつもより少し難しい課題を交ぜておく。
  　　（パズル，ブロック，紐通し，プリント教材　等）
  　　イレギュラーな場面を取り入れる。
  　　（iPad の充電が切れている，パスワードが設定されている　等）
- 援助が必要な状況になり，子どもが教師の方を見たり手を引いたりするタイミングを捉えて，「手伝って」カードを手渡すよう促す。
- 「手伝って」カードを手渡されたら，「手伝って」と言葉を添えてすぐに援助する。

❷ 自分から援助を求める

- 自分から「手伝って」カードを手渡せるように，段階的に促すのを待つ。
  例）教師がヒントとして手のひらを見せる。
  　　⇒手のひらを見せるのを遅らせる。
  　　⇒子どもとの距離を離していく。
- 援助を求めることがパターン的にならないように，時々，援助が必要でない場面を設定する。

ポイント

- いきなりかんしゃくが激しい場面から練習するよりも，意図的に場面設定をしてストレスが少なく対応しやすいところから始める。

資料　特別支援学校教育要領・学習指導要領解説　自立活動編より

①各項目の障害特性や困難さに該当するかをチェックする  ②チェックした項目の

1健康の保持
生命を維持し，日常生活を行うために必要な健康状態の維持・改善を身体的な側面を中心とし

項目	障害特性や困難さ	チェック
(1) 生活のリズムや生活習慣の形成	特定の食物や衣服に強いこだわりを示し，極端な偏食になったり，季節の変化にかかわらず同じ衣服を着続けたりする。	
	相手にどのように見られているのかを推測するのが苦手なため，整髪や着衣の乱れなどの身だしなみに関心が向かない。	
	自分の体調がよくない，悪くなりつつある，疲れているなどの変調がわからずに，無理をしてしまうことや興味のある活動に過度に集中してしまい，自己を客観的に把握することや体内の感覚を自覚することなどが苦手。	
	周囲のことに気が散りやすく，一つ一つの行動に時間がかかり，整理・整頓などの習慣が十分に身に付いていない。	
(4) 障害の特性の理解と生活環境の調整	感覚の過敏さやこだわりがあり，大きな音がしたり，予定通りに物事が進まなかったりすると情緒が不安定になる。	
	自分の長所や短所，得手不得手を客観的に認識することが難しい。	
	他者との違いから自分を否定的に捉えてしまったりすることがある。	

※知的障害，発達障害に関する内容を抜粋

具体的指導内容例と留意点を読む  ③教材・指導アイデアのページを参考にする

て図る

具体的指導内容例と留意点	教材・指導アイデア
●健康維持のために就寝時刻を守り，温度に適した衣服の調節をできるようにする。 ●体調を自己管理するために体温を測ることを習慣化し，体調がよくないと判断したら，その後の対応を保護者や教師と相談できるようにする。 ●毎朝その日の体調を記述，就寝時刻などを記録しスケジュール管理をできるようにする。 ●生活リズムや生活習慣の形成。清潔や衛生を保つことの必要性を理解できるようにする。	❶身だしなみをチェックしよう ❷食べられるものを増やそう ❸時間内に着替えよう ❹自分で着替えよう ❺身だしなみについて考えよう 〈関連〉 ㊼お箸でつまむ練習をしよう ㊾端をピタッと合わせてたたもう
●自分から別の場所に移動したり，音量の調整や予定を説明してもらうことを他者に依頼したりするなど，自ら刺激の調整を行い，気持ちを落ち着かせることができるようにする。 ●個別指導や小集団などの指導形態を工夫しながら，対人関係に関する技能を習得するなかで，自分の特性に気付き，自分を認め，生活する上で必要な支援を求められるようにする。	❻自分や友達の好きなものを知ろう ❼こんなときどうする？ 〈関連〉 ⓬リラックスの練習 ㉝散髪練習をやってみよう

(5) 健康状態の 維持・改善	運動量が少なく，肥満，体力低下の傾向がある。	
	心理的な要因で不登校の状態が続き，運動量が極端に少なくなったり，食欲不振になったりする。	

２心理的な安定
自分の気持ちや情緒をコントロールして変化する状況に適切に対応するとともに，障害による

項目	障害特性や困難さ	チェック
(1) 情緒の安定	自分の気持ちを適切な方法で伝えることが難しく，自らをたたいてしまうことや，他者に対して不適切な関わり方をしてしまう。	
	自分の行動を注意されて反発して興奮を静められなくなる。	
	注意や集中を持続し，安定して学習に取り組むことが難しい。	
	読み書きの練習を繰り返しても，期待したほどの成果が得られない経験から自信を失っている。	
(2) 状況の理解と 変化への対応	日々の日課と異なる学校行事や，急な予定の変更などに対応することができず，混乱したり，不安になったりして，どのように行動したらよいか分からなくなることがある。	
	周囲の状況に意識を向けることや経験したことを他の場面にも結び付けて対応することが苦手なため，人前で年齢相応に行動する力が育ちにくい。	
	特定の動作や行動に固執したり，同じ話を繰り返したりするなど，次の活動や場面を切り換えることが難しいことがある。	

●運動することへの意欲を高めながら適度な運動を取り入れたり，食生活と健康について実際の生活に即して指導したりする。	⓪⑧踏み台運動をやってみよう ⓪⑨フープなわとびをやってみよう ⑩体幹トレーニングをやってみよう ⑪めざせ○○！　体重を記録しよう

学習上又は生活上の困難を主体的に改善・克服する意欲の向上を図り，自己のよさに気付く

具体的指導内容例と留意点	教材・指導アイデア
●自分の落ち着く場所に移動し，慣れた別の活動に取り組み，興奮を静める方法を教える。 ●感情を表した絵カードやメモなどを用いて自分の気持ちを伝える手段を身に付けられるようにする。 ●興奮を静めることやいったんその場所を離れて深呼吸をするなどの方法があることを教え，実際に行えるようにする。 ●自分に合った集中の仕方や課題の取り組み方を身に付け，学習に落ち着いて参加できるようにする。 ●本人が得意なことを生かして課題をやり遂げ，成功したことを褒めることで自信をもたせ，自分のよさに気付くことができるようにする。	⑫リラックスの練習 ⑬タイマーを使って待つ練習 〈関連〉 ⓪⑦こんなときどうする？ ㊿よく見てクリップを取り出そう 55要求を伝えよう
●スケジュールで予想される事態や状況を伝えたり，事前に体験できる機会を設定したりして，状況を理解して適切に対応したり，行動の仕方を身に付けたりできるようにする。 ●行動の仕方を短い文章にして読み，適切な例を示しながら，場に応じた行動を身に付けられるようにする。 ●特定の動作や行動を行ってもよい時間帯や回数をあらかじめ決めたり，予定表を書いて確かめたりして見通しをもって落ち着いて取り組めるようにする。	⑭スケジュールで活動を切り替えよう ⑮いつもと違っても大丈夫 ⑯外出先での見通しをもとう ⑰はなまるの行動はどっち？ ⑱○回したら終わり ⑲遊びのレパートリーを広げよう 〈関連〉 62困ったときは援助を求めよう

(3) 障害による 学習上又は 生活上の困難を 改善・克服する 意欲	コミュニケーションが苦手で，人と関わることに消極的になったり，受け身的な態度になったりすることがある。	
	数字の概念や規則性の理解や計算することに時間がかかったり，文章題の理解や推論することが難しかったりすることで，自分の思う結果が得られず，学習への意欲や関心が低いことがある。	
	文章を読んで学習する時間が増えるにつれ理解が難しくなり，学習に対する意欲を失い，消極的になることがある。	
	漢字の読みが覚えられない，思い出せないことにより長文の読解が困難になる。	
	読書を嫌うために語彙が増えていかない。	

３人間関係の形成 自他の理解を深め，対人関係を円滑にし，集団参加の基盤を培う		
項目	障害特性や困難さ	チェック
(1) 他者との かかわりの 基礎	他者とのかかわりをもとうとするが，その方法が十分に身に付いていない。	

●自分の考えや要求が伝わったり，相手の意図を受け止めたりする双方向のコミュニケーションが成立する成功体験を積み重ね，自ら積極的に人と関わろうとする意欲を育てる。 ●周囲の励ましや期待，賞賛を受けながら何が必要かを理解し，できる，できたという成功体験を積み重ねられるようにする。 ●振り仮名を振る，拡大コピーをするなどによって自分が読み易くなることを知ることや，コンピュータによる読み上げや電子書籍を利用するなどの代替手段を使うことなどによって読み取りやすくなることを指導する。 ●書くことの困難さに対しては，口述筆記のアプリケーションや，キーボード，タブレット端末による入力など自分に合った方法を習熟するまで練習する。 ●代替手段等を利用することが周囲に認められるように，周囲の人に依頼することができるようにする。	⑳自分に合ったメモの取り方を知ろう ㉑チャレンジ日記でやる気 UP 〈関連〉 55要求を伝えよう

具体的指導内容例と留意点	教材・指導アイデア
●身近な教師とのかかわりから少しずつ安定した関係の形成を促す。 ●言葉だけでなく具体物や視覚的な情報も用いて分かりやすくする。 ●本人の好きな活動において，感情を表した絵やシンボルを用いて自分や他者の気持ちを視覚的に理解したり，他者と気持ちの共有を図ったりすることで，信頼関係を築く。	㉒わにわにゲームで遊ぼう ㉓よく見て一緒にボールを落とそう ㉔動きを合わせてボールを運ぼう 〈関連〉 59要求を詳しく伝えよう 61タブレット端末で伝えよう

(2) 他者の意図や 感情の理解	言葉や表情，身振りなどを総合的に判断して相手の思いや感情を読み取り，それに応じて行動することが困難な場合がある。	
	言葉を字義通りに受け止めてしまう場合があるため，相手の真意を読み取り間違うことがある。	
(3) 自己の理解と 行動の調整	過去の失敗経験等の積み重ねにより，自分に対する自信がもてず，行動することをためらいがちになることがある。	
	衝動の抑制が難しかったり，自己の状態の分析や理解が難しかったりするため，同じ失敗を繰り返したり，目的に沿って行動を調整することが苦手だったりする。	
	自分の長所や短所に関心が向きにくいなど，自己の理解が困難な場合がある。	
	「他者がどう見ているか」他者の意図や感情の理解が十分でないことから，友達の行動に対して適切に応じることができないことがある。	
	特定の光や音などにより混乱し，行動の調整が難しくなることがある。	
(4) 集団への 参加の基礎	言葉の意味理解の不足や間違いなどから友達との会話の背景や経過を類推することが難しく，集団に積極的に参加できないことがある。	
	遊びの説明を聞き漏らしたり，最後まで聞かずに遊び始めたりするためにルールを十分に理解しないで遊ぶ場合がある。	
	勝ちたい気持ちからルールを守れない場合がある。	

●生活上の様々な場面を想定し，相手の言葉や表情などから，相手の立場や相手が考えていることを推測する指導を通して，他者と関わる際の具体的な方法を身に付けられるようにする。	㉕相手の気持ちを考えてみよう ㉖この顔はどんな気持ち？
●本人が容易にできる活動を設定し，成就感を味わうことができるようにして，徐々に自信を回復しながら，自己に肯定的な感情を高めていく。 ●自分の行動とできごととの因果関係を図示して理解させたり，実現可能な目当ての立て方や点検表を活用した振り返りの仕方が学べたりするようにする。 ●体験的な活動を通して自分の得意なことや不得意なことの理解を促す。 ●他者の意図や感情を考え，それへの対応方法を身に付けられるようにする。 ●光や音などの刺激の量を調整したり，避けたりするなど，感覚や認知の特性への対応に関する内容も関連付けて具体的な指導内容を設定する。	㉗自分で課題に取り組もう ㉘忘れ物を減らす工夫を考えよう 〈関連〉 ⓹身だしなみについて考えよう ⓫めざせ○○！　体重を記録しよう ⓲○回したら終わり ㉑チャレンジ日記でやる気UP
●日常的によく使われる友達同士の言い回しや，その意味することが分からないときの尋ね方などを，あらかじめ少人数の集団の中で指導しておく。 ●遊びのルールを少しずつ段階的に理解できるように指導したり，ロールプレイによって適切な行動を具体的に指導したりする。 ●遊びへの参加方法が分からないときの不安を静める方法や友達への尋ね方を練習する。	㉙順番に遊ぼう ㉚かわりばんこで遊ぼう 〈関連〉 51お菓子釣りゲームをしよう 52手を伸ばして虫を捕ろう 53背中のかごに入れてみよう 54転がるボールをキャッチしよう 56やりとりしてボウリングをしよう 58よく聞いてやってみよう

４環境の把握 感覚を有効に活用し，空間や時間などの概念を手掛かりとして，周囲の状況を把握したり，環		
項目	障害特性や困難さ	チェック
(2) 感覚や認知の特性についての理解と対応	聴覚，触覚の過敏さにより，特定の音，身体接触，衣服の材質に不快感を抱くことがある。	
	不足する感覚を補うために，身体を前後に動かす，一部分をたたき続けるなどして自己刺激を過剰に得ようとする。	
	注意機能の特性により，注目すべき箇所が分からない，注意持続時間が短い，注目する対象が変動しやすいなどから，学習等に支障をきたすことがある。	
	視知覚の特性により文字の判別が困難になり，「め」と「ぬ」を読み間違えたり，文節を把握することができなかったりする。	
	書かれた文章を理解したり，文字を書いて表現したりすることは苦手だが，聞けば理解できたり，図や絵等を使えば効率的に表現できたりする。	
(3) 感覚の補助及び代行手段の活用	聴覚に過敏さが見られ，特定の音を嫌がることがある。	

境と自己との関係を理解したりして，的確に判断し，行動できるようにする		
	具体的指導内容例と留意点	教材・指導アイデア
	●不快である音や感触などを自ら避けたり，幼児児童生徒の状態に応じて，音が発生する理由や身体接触の意図を知らせるなどして，それらに少しずつ慣れていったりするように指導する。 ●自己刺激のための活動と同じような感覚が得られる他の適切な活動に置き換えるなどして，興味がより外に向かい，広がるようにする。 ●注目すべき箇所を色分けしたり，手で触れるなど，他の感覚も使ったりして注目しやすくしながら，注意を持続できることを実感し，自分に合った注意集中の方法を積極的に使用できるようにする。 ●本人にとって読み易い書体を確認したり，文字間や行間を広げたりして負担を軽減しながら新たな文字を習得していく方法を身に付けられるようにする。 ●見やすい書体や文字の大きさ，文字間や行間，文節を区切る，アンダーラインを引き強調するなどの工夫をする。 ●幼児児童生徒一人一人の認知の特性に応じた指導方法を工夫し，不得意なことを少しずつ改善できるよう指導するとともに，得意な方法を積極的に活用するよう指導する。	㉛触って形を当てよう ㉜力を調節して運ぼう ㉝散髪練習をやってみよう 〈関連〉 ❼こんなときどうする？ ⓳遊びのレパートリーを広げよう ㊷指先を使って入れよう ㊸ふたを回してみよう (51)お菓子釣りゲームをしよう (54)転がるボールをキャッチしよう
	●自分で苦手な音などを知り，音源を遠ざけたり，イヤーマフやノイズキャンセルヘッドホン等の音量を調節する器具を利用したりするなどして，自分で対処できる方法を身に付けるように指導する。また，その特定の音が発生する理由や仕組みなどを理解し，徐々に受け入れられるように指導していく。	〈関連〉 ❼こんなときどうする？

	聴覚過敏のため，必要な音を聞き分けようとしても，周囲の音が重なり聞き分けづらい場合がある。	
(4) 感覚を総合的に活用した周囲の状況についての把握と状況に応じた行動	自分の身体に対する意識や概念が十分に育っていないため，ものや人にぶつかったり，簡単な動作をまねることが難しかったりする。	
	視知覚のみによって文字を認識してから書こうとすると，目と手の協応動作が難しく，意図している文字がうまく書けないことがある。	
(5) 認知や行動の手掛かりとなる概念の形成	概念を形成する過程で，必要な視覚情報に注目することが難しかったり，読み取りや理解に時間がかかったりすることがある。	
	「もう少し」，「そのくらい」，「大丈夫」など，意味内容に幅のある抽象的な表現を理解することが困難な場合があるため，指示の内容を具体的に理解することが難しい。	
	興味のある事柄に注意が集中する傾向があるため，結果的に活動等の全体像を把握できないことがある。	

●音量を調節する器具の利用等により，聞き取りやすさが向上し，物事に集中しやすくなることを学べるようにし，必要に応じて使い分けられるようにする。 ●状況に応じてこれらの器具を使用することを周囲に伝えることができるように指導する。	
●粗大運動や微細運動を通して，全身及び身体の各部位を意識して動かしたり，身体の各部位の名称やその位置などを言葉で理解したりするなど，自分の身体に対する意識を高めながら，自分の身体が基点となって位置，方向，遠近の概念の形成につなげる。 ●腕を大きく動かして文字の形をなぞるなど，様々な感覚を使って多面的に文字を認識し，自らの動きを具体的に想像してから文字を書くことができるようにする。	**34**サーキット運動でボディイメージUP **35**粘土を使って平仮名を作ろう **36**棒を使って形を作ろう **37**ぶつからないように書いてみよう **38**大きさの見当をつけて切ってみよう 〈関連〉 **10**体幹トレーニングをやってみよう **46**両手を使って洗濯ばさみではさもう **48**よく見て線を消してみよう **53**背中のかごに入れてみよう
●興味・関心のあることや生活上の場面を取り上げ，実物や写真などを使って見たり読んだり，理解したりすることで，確実に概念の形成につなげる。 ●指示の内容や作業手順，時間の経過等を視覚的に把握できるようにする。 ●手順表を活用しながら順序や時間，量の概念等を形成できるようにする。 ●一部分だけでなく，全体を把握することが可能になるように順序に従って全体を把握する方法を練習する。 ●活動の流れや時間を視覚的に捉えられるようなスケジュールや時計などを示し，時間によって活動時間	**39**指示書を見て塗ってみよう **40**お話の順番を考えよう **41**前後，左右の指示を理解しよう 〈関連〉 **01**身だしなみをチェックしよう **03**時間内に着替えよう **04**自分で着替えよう **13**タイマーを使って待つ練習 **14**スケジュールで活動を切り替えよう **15**いつもと違っても大丈夫

	活動に過度に集中してしまい，終了時刻になっても活動を終えることができないことがある。	
	左右の概念を理解することが困難な場合があるため，左右の概念を含んだ指示や説明を理解することがうまくできず，学習を進めていくことが難しい場合がある。	

5身体の動き 日常生活や作業に必要な基本動作を習得し，生活の中で適切な身体の動きができるようにする		
項目	障害特性や困難さ	チェック
(1) 姿勢と 運動・動作の 基本的技能	知的発達の程度等に比較して，身体の部位を適切に動かしたり，指示を聞いて姿勢を変えたりすることが困難。	
	身体を常に動かしている傾向があり，自分でも気付かない間に座位や立位が大きく崩れ，活動を継続できなくなってしまうことがある。	
(3) 日常生活に 必要な 基本動作	目と手指の協応動作の困難さや巧緻性，持続性の困難さなどの他，認知面及び運動面の課題，あるいは日常生活場面等における経験不足から，衣服の着脱におけるボタンの着脱やはさみなどの道具の操作などが難しいことがある。	
	鉛筆の握り方がぎこちなく過度に力が入りすぎてしまうこと，筆	

が区切られていることを理解できるようにしたり，残り時間を確認しながら，活動の一覧表に優先順位をつけたりするなどして適切に段取りを整えられるようにする。 ●見たり触ったりする体験的な活動と「左」や「右」という位置や方向を示す言葉と関連付けて基礎的な概念の形成を図る。	⑯外出先での見通しをもとう ㉗自分で課題に取り組もう ㉘忘れ物を減らす工夫を考えよう ㉙順番に遊ぼう 57指令文を読んでやってみよう 58よく聞いてやってみよう 60スリーヒントクイズを作ろう

具体的指導内容例と留意点	教材・指導アイデア
●より基本的な動きの指導から始め，徐々に複雑な動きを指導することが考えられる。次第に，目的の動きに近付けていくことにより，必要な運動・動作が幼児児童生徒に確実に身に付くよう指導する。 ●身体を動かすことに関する指導だけでなく，姿勢を整えやすいような机やいすを使用することや，姿勢保持のチェックポイントを自分で確認できるように指導する。	〈関連〉 ⑧踏み台運動をやってみよう ㉞サーキット運動でボディイメージUP
●意欲的に活動に取り組み，道具等の使用に慣れていけるよう，興味や関心がもてる内容や課題を工夫し，使いやすい適切な道具や素材に配慮する。 ●衣服の着脱では，ボタンはめの前にボタン外しから取り組むことや，ボタンや穴の大きさを徐々に小さくすること，はさみを使用する際には，切る長さを徐々に長くしたり，直線から曲線など切る形を変えたりする。 ●本人の使いやすい形や重さの筆記用具や滑り止め付き定規等の使用で安心して取り組めるようにする。	㊷指先を使って入れよう ㊸ふたを回してみよう ㊹両手を使ってペグさしをしよう ㊺両手を使って巾着袋に入れよう ㊻両手を使って洗濯ばさみではさもう ㊼お箸でつまむ練習をしよう ㊽よく見て線を消してみよう ㊾端をピタッと合わせてたたもう 〈関連〉 ㉒わにわにゲームで遊ぼう

	圧が強すぎて行や枠からはみ出してしまうこと等，手や指先を用いる細かい動きのコントロールが苦手。	
	上手く取り組めないことに焦りや不安が生じて余計に書字が乱れてしまう。	
(5) 作業に必要な 動作と 円滑な遂行	注意の持続の困難さに加えて，目と手の協応や指先の細かい動き，体を思い通りに動かすこと等がうまくいかないことから，身の回りの片付けや整理整頓等を最後まで遂行することが苦手。	
	手足を協調させて動かすことや微細な運動をすることに困難さがある。	
	自分のやり方にこだわったり，手足を協調させてスムーズに動かしたりすることが難しい。	
	他者の意図を適切に理解することが困難であったり，興味のある一つの情報のみに注意が集中してしまったりすることから，教師の手本を自ら模倣しようとする意識がもてないことがある。結果，作業に必要な巧緻性が十分育っていないことがある。	
	細かい手先を使った作業の遂行が難しかったり，その持続が難しかったりすることがある。	

	●自分の苦手な部分を申し出て，コンピュータによるキーボード入力等で記録することや黒板を写真に撮ること等，ICT 機器を用いて書字の代替を行う。	23 よく見て一緒にボールを落とそう 32 力を調節して運ぼう 35 粘土を使って平仮名を作ろう 36 棒を使って形を作ろう 37 ぶつからないように書いてみよう 38 大きさの見当をつけて切ってみよう
	●身体をリラックスさせる運動やボディーイメージを育てる運動に取り組み，身の回りの生活動作に習熟できるようにする。 ●目的に即して意図的に身体を動かすこと，興味・関心を生かしながら，道具等を使って手指を動かす体験を積み重ねる。例えば，エプロンのひも結びについて，一つ一つの動作を身に付けることから始め，徐々に身に付けた一つ一つの動作をつなげ，連続して行えるようにする。その際，手本となる動作や自身の動作を映像で確認するなど，自ら調整や改善を図っていけるよう工夫する。 ●一つの作業についていろいろな方法を経験させるなどして，作業へのこだわりを和らげ，教師との良好な人間関係を形成し，手本を模倣しようとする気持ちを育てる。 ●手遊びやビーズなどを仕分ける活動，ひもにビーズを通す活動など，両手や目と手の協応動作などができるように指導する。その際，訓練的な活動とならないよう，興味・関心のもてる内容や課題を工夫する。	50 よく見てクリップを取り出そう 51 お菓子釣りゲームをしよう 52 手を伸ばして虫を捕ろう 53 背中のかごに入れてみよう 54 転がるボールをキャッチしよう 〈関連〉 09 フープなわとびをやってみよう 39 指示書を見て塗ってみよう

6コミュニケーション
場や相手に応じて，コミュニケーションを円滑に行うことができるようにする

項目	障害特性や困難さ	チェック
(1) コミュニ ケーションの 基礎的能力	興味のある物を手にしたいという欲求が勝り，所有者のことを確認しないままで，他者の物を使ったり，他者が使っている物を無理に手に入れようとしたりする。	
	自分の気持ちや要求を適切に相手に伝えられなかったり，相手の意図が理解できなかったりしてコミュニケーションが成立しにくいことがある。	
	発声や指差し，身振りやしぐさなどをコミュニケーション手段として適切に活用できない場合がある。	
	他の人への関心が乏しく，他の人からの働きかけを受け入れることが難しい場合がある。	

具体的指導内容例と留意点	教材・指導アイデア
●周囲の者はそれらの行動が意思の表出や要求を伝達しようとした行為であることを理解するとともに，幼児児童生徒がより望ましい方法で意思や要求を伝えることができるよう指導する。 ●自分の気持ちを表した絵カードを使ったり，簡単なジェスチャーを交えたりするなど，要求を伝える手段を広げるとともに，人とのやりとりや人と協力して遂行するゲームなどをしたりするなど，認知発達や社会性の育成を促す学習などを通して，自分の意図を伝えたり，相手の意図を理解したりして適切なかかわりができるように指導する。 ●欲しいものを要求する場面で，ふさわしい身振りなどを指導したり，発声を要求の表現となるよう意味付けたりするなど，様々な行動をコミュニケーション手段として活用する。 ●個々の興味や関心のある活動の中で，教師の言葉掛けに対して視線を合わせたり，楽しんでいる場面に教師が「楽しいね」，「うれしいね」などの言葉をかけたりするなどして，人とやりとりをすることや通じ合う楽しさを感じさせながら，他者との相互的なやりとりの基礎的能力を高める指導をする。 ●コミュニケーション手段として身振り，絵カードやメモ，機器などを活用する際には，個々の幼児児童生徒の実態を踏まえ，無理なく活用できるように工夫する。	㊺要求を伝えよう 〈関連〉 ❷食べられるものを増やそう ㉔動きを合わせてボールを運ぼう ㉚かわりばんこで遊ぼう ㉛触って形を当てよう ㊹両手を使ってペグさしをしよう ㊺両手を使って巾着袋に入れよう
●話す人の方向を見たり，話を聞く態度を形成したりする。	

(2) 言語の受容と表出	他者の意図を理解したり，自分の考えを相手に正しく伝えたりすることが難しい。	
	思ったことをそのまま口にして相手を不快にさせるような表現を繰り返したりすることがある。	
	行動を調整したり，振り返ったりすることが難しいことや，相手の気持ちを想像した適切な表現の方法が身に付いていない。	
(3) 言語の形成と活用	言葉は知っているものの，その意味を十分に理解せずに活用したり，意味を十分に理解していないことから活用できず，思いや考えを正確に伝える語彙が少なかったりすることがある。	
(4) コミュニケーション手段の選択と活用	対人関係における緊張や記憶の保持などの困難さを有し，適切に意思を伝えることが難しい。	
	言葉でのコミュニケーションが困難。	
	順を追って説明することが困難であるため，聞き手に分かりやすい表現をすることができないことがある。	

●正確に他者とやりとりするために，絵や写真などの視覚的な手掛かりを活用しながら相手の話を聞くことや，メモ帳やタブレット型端末等を活用して自分の話したいことを相手に伝えられるようにする。 ●相手の言葉や表情などから，相手の意図を推測するような学習を通して，周囲の状況や他者の感情に配慮した伝え方ができるようにする。 ●小集団の活動で，相手の話を受けてやりとりする経験を重ねる。ゲームを通して適切な言葉を繰り返し使用して楽しみながら身に付けられるようにする。 ●体の動きを通して気持ちをコントロールする力を高めたり，人と会話するときのルールやマナーを明確にして理解させたり，会話中に相手の表情を気にかけられたりできるようにする。	56やりとりしてボウリングをしよう 57指令文を読んでやってみよう 58よく聞いてやってみよう 〈関連〉 26この顔はどんな気持ち？
●実体験，写真や絵と言葉の意味を結び付けながら理解することや，ICT 機器等を活用し，見る力や聞く力を活用しながら言語の概念を形成する。	59要求を詳しく伝えよう 60スリーヒントクイズを作ろう 〈関連〉 40お話の順番を考えよう 41前後，左右の指示を理解しよう
●タブレット型端末に入れた写真や手順表などの情報を手掛かりとすることや，音声出力や文字・写真など，代替手段を選択し活用したコミュニケーションができるようにする。 ●自分の意思を適切に表し，相手に基本的な要求を伝えられるように身振りなどを身に付けたり，話し言葉を補うために絵カードやメモ，タブレット端末等の機器等を活用できるようにしたりする。 ●簡単な絵に吹き出しや簡単なセリフを書き加えたり，コミュニケーションボード上から，伝えたい項目を選択したりするなどの手段を練習しておき，必要に	61タブレット端末で伝えよう 〈関連〉 06自分や友達の好きなものを知ろう 20自分に合ったメモの取り方を知ろう

	読み書きの困難により，文章の理解や表現に非常に時間がかかることがある。	
(5) 状況に応じたコミュニケーション	話の内容を記憶して前後関係を比較したり類推したりすることが困難なため，会話の内容や状況に応じた受け答えをすることができない場合がある。	
	会話の内容や周囲の状況を読み取ることが難しい場合があるため，状況にそぐわない受け答えをすることがある。	
	援助を求めたり依頼したりするだけでなく，必要なことを伝えたり，相談したりすることが難しいことがある。	

	応じて方法を選択できるようにする。 ●コンピュータの読み上げ機能を利用したり，関係性と項目を図やシンボルなどで示すマインドマップのような表現を利用したりすることで，コミュニケーションの楽しさと充実感を味わえるようにする。	
	●自分で内容をまとめながら聞く能力を高めるとともに，分からないときに聞き返す方法や相手の表情にも注目する態度を身に付けられるようにする。 ●相手の立場に合わせた言葉遣いや場に応じた声の大きさなど，場面にふさわしい表現方法を身に付けられるようにする。実際の生活場面で，状況に応じたコミュニケーションを指導する。 ●日常的に報告の場面をつくることや相手に伝えるための話し方を指導し，ホワイトボードを使用して気持ちや考えを書きながら整理し，安心して自分の気持ちを言葉で表現する経験を重ね，相談することのよさが実感できるようする。	㉒困ったときは援助を求めよう 〈関連〉 ⑰はなまるの行動はどっち？ ㉑チャレンジ日記でやる気 UP ㉕相手の気持ちを考えてみよう ㉗自分で課題に取り組もう

おわりに

今から10年以上も前の話になるが，原稿を書いていて思い出したエピソードがある。当時，小学部１年生で重度の知的障害と自閉症のあるＡさんは，多動で頻繁に教室から飛び出し，片時も目を離すことができなかった。連れ戻そうとすると叩いたり，蹴ったりの他害行動が見られ対応に難渋していた。

当時は多動を改善することや他害行動をやめさせることに必死で対症療法的な指導が中心でなかなか指導の効果が出ず，焦っていたことを思い出す。

そんなＡさんには，絵を描く特技があった。とにかく絵を描くことが好きで，紙とクレヨンがあれば１日中でもお絵描きを続けることができた。行事はもちろん，日々の授業に参加することも難しく，仕方なくお絵描きセット持参でその場にいることを目標としていた。

そこで，指導の視点を変えて，Ａさんの好きなことにとことん付き合ってみようと考えた。まずは，お絵描きしているところに話し掛け，「これなに？」と聞いてみたり，Ａさんが描く絵をそのまま真似たりすることから始めた。他害の頻度は変わらなかったが，次第に描いている絵の名前を答えてくれたり，私が真似して描くのを待ってくれたりする様子が見られ，少しずつ相手の存在を意識できるようになってきたことを感じた。

そんなある日，スクールバスから降りて教室に入るやいなや紙を取り出して絵を描き始め，泣きながら必死に何かを伝えようとしていた。その絵はＡさんがヒーローになってお母さんをやっつけている場面だった。後でお母さんにこのことを聞いてみると，スクールバスに乗るために，ぬいぐるみを取り上げられたのが気に入らなくて，お母さんを叩きたかったのにできなかったことが分かった。つまり，Ａさんは叩けなかったイライラをスクールバスに乗っている間は我慢し，登校後，絵に描いてお母さんをやっつけたことを知らせてくれたのである。これまで気に入らないことがあると直接叩く等の行為をしなければ気が済まなかったＡさんが，間接的に気持ちを処理し，相手に伝えようとした瞬間であった。

この出来事を機に，絵を描くことをコミュニケーション手段として活用することを目標に掲げた。先生の対応が悪いと（Ａさんにとって），直接叩くのではなく，先生が泣く絵を描いたり，言葉で文句を言ったりして気持ちを発散できるようになってきた。また，Ａさんの描く絵はとても魅力的で独創性にあふれたものだったので，いろいろな人に見てもらえるようパソコンのお絵描きソフトを導入してデータとして保存できるようにした。Ａさんの絵を使ったカレンダーやハガキ等を学校祭で販売するなどの経験を経て，Ａさんのお絵描きは，次第に自分の中だけで完結するものではなく，相手に見せて喜びを感じるための行動に変容していった。

自立活動の指導は，子どもの苦手なことを改善させたい，問題行動を減らしたいといった教師側のニーズが重視されやすい。Ａさんの成長は，もちろん，お絵描きをコミュニケーションに活用することだけではなく，スケジュールカードで見通しをもつことや，感覚の過敏さに対応するためにイヤーマフを付けること等，いろいろな側面からのアプローチによるものであるが，子どもの「好き」にとことん付き合い，「好き」を支えることが問題解決の重要な視点であったと改めて感じる。

本書の教材・指導アイデアが授業のイメージを膨らませ，授業準備に役立つことができれば幸いである。教材・指導アイデアを入り口に，一人でも多くの方が，子どもの困難さが改善し生活が豊かになっていく瞬間に出合えることを願っている。

著者　滝澤　健

【著者紹介】
滝澤　健（たきざわ　けん）
特別支援学校　教諭　教職修士
特別支援教育士（S.E.N.S）
応用行動分析技術士（ABAT／QABA）
Instagram（たっきー@takky215）では，特別支援教育に関する多数の手作り教材やおもちゃを紹介している。

特別支援教育サポートBOOKS
知的障害・発達障害
自立活動の教材＆指導アイデア

2024年6月初版第1刷刊 ©著　者　滝　澤　健
2024年9月初版第2刷刊　発行者　藤　原　光　政
発行所　明治図書出版株式会社
http://www.meijitosho.co.jp
（企画）佐藤智恵（校正）武藤亜子
〒114-0023　東京都北区滝野川7-46-1
振替00160-5-151318　電話03（5907）6703
ご注文窓口　電話03（5907）6668

＊検印省略　組版所　中　央　美　版

Printed in Japan　ISBN978-4-18-172145-9